Trámites *online* con la Seguridad Social. ADGD266PO

José Luis Sánchez Jiménez

Alicia Jiménez García

Trámites online con la Seguridad Social. ADGD266PO
© José Luis Sánchez Jiménez
© Alicia Jiménez García

1ª Edición

© IC Editorial, 2024

Editado por: IC Editorial
c/ Cueva de Viera, 2, Local 3
Centro Negocios CADI
29200 Antequera (Málaga)
Teléfono: 952 70 60 04
Fax: 952 84 55 03
Correo electrónico: iceditorial@iceditorial.com
Internet: www.iceditorial.com

ISBN: 978-84-1184-370-6
Depósito Legal: MA 2208-2024

Impresión: PODiPrint
Impreso en Andalucía – España

Nota de la editorial: IC Editorial pertenece a Innovación y Cualificación S. L.

Especialidad formativa

Se entiende por especialidad formativa la agrupación de contenidos, competencias profesionales y especificaciones técnicas que responde a un conjunto de actividades de trabajo enmarcadas en una fase del proceso de producción y con funciones afines.

Las especialidades formativas de Uso General, Formación Complementaria, Formación Modular y las especialidades formativas dirigidas a la obtención de certificados de profesionalidad se incluyen en el Fichero de Especialidades del Servicio Público de Empleo Estatal para su gestión en todo el territorio nacional por cualquier Administración competente.

Las especialidades complementarias, pertenecen todas a la Familia profesional de Formación Complementaria (FCO) y tienen la consideración de formación transversal en áreas que se consideran prioritarias tanto en el marco de la Estrategia Europea para el Empleo y del Sistema Nacional de Empleo como en las directrices establecidas por la Unión Europea. Se consideran áreas prioritarias las relativas a tecnologías de la información y la comunicación, la prevención de riesgos laborales, la sensibilización en medio ambiente, la promoción de la igualdad, la orientación profesional y aquellas otras que se establezcan por la Administración competente.

Las especialidades de Certificado de profesionalidad tienen una duración especificada en su normativa reguladora.

En el resultado de la búsqueda, se muestran las unidades de competencia, todos los módulos formativos con su duración y las unidades formativas del certificado correspondiente, con su duración. Las horas del certificado, exclusivo de las especialidades de certificado de profesionalidad, con alta igual o superior a 2008, son las horas totales más las horas del módulo de Prácticas Profesionales no Laborales.

➲ **Si la especialidad tiene unidades formativas,** las horas totales, presencial, distancia, teleformación serán igual a la suma de esas horas de las unidades formativas de los distintos módulos, sin que se repita ninguna Unidad formativa.

➲ **Si la especialidad no tiene unidades formativas,** las horas totales, presencial, distancia, teleformación serán igual a las sumas de esas horas de los módulos formativos, eliminando las horas de los módulos repetidos.

https://sede.sepe.gob.es/FOET_CATALOGO_EEFF_SEDE/flows/main?execution

(Fuente: Servicio Público de Empleo Estatal)

Índice

Unidad de Aprendizaje 1
Introducción a la sede electrónica de la Seguridad Social

1. Introducción	11
2. Aspectos básicos de la sede electrónica	11
3. Acceso a los Ciudadanos	13
4. Acceso a Empresas	17
5. Acceso Administraciones y Mutuas	19
6. Resumen	21
Ejercicios de autoevaluación	23

Unidad de Aprendizaje 2
Catálogo de servicios de sede electrónica

1. Introducción	29
2. Servicios personales sin certificado digital	29
3. Servicios personales con certificado digital	35
4. Servicios a empresas y entidades con certificado digital	49
5. Resumen	51
Ejercicios de autoevaluación	55

Unidad de Aprendizaje 3
Comunicación con la Tesorería General de la Seguridad Social

1. Introducción	61
2. El Sistema RED *online*	61
3. Sistema de Liquidación Directa	76
4. Resumen	82
Ejercicios de autoevaluación	85

Unidad de Aprendizaje 4
Comunicación de contratos

1. Introducción   91
2. El Sistema de *Contrat@*   91
3. Resumen   107
   Ejercicios de autoevaluación   111

Unidad de Aprendizaje 5
Comunicación de accidentes

1. Introducción   115
2. El *Sistema Delt@*   115
3. Resumen   128
   Ejercicios de autoevaluación   133

Glosario

Glosario   137

Bibliografía   141

OBJETIVOS GENERALES

Los objetivos generales del **ADGD266PO. Trámites** *online* **con la Seguridad Social,** son los siguientes:

- ➲ Analizar todos los servicios *online* de la Seguridad Social y las medidas de seguridad que se deben tomar cuando se realizan los trámites a través de internet.
- ➲ Tener un primer contacto con la sede electrónica de la Seguridad Social.
- ➲ Conocer todos los trámites que ofrece la sede electrónica de la Seguridad Social.
- ➲ Conocer cómo establecer una buena comunicación con la Seguridad Social.
- ➲ Aprender cómo se comunican los contratos al Servicio Público de Empleo.
- ➲ Aprender cómo se comunican accidentes a través del *Sistema Delt@.*

Introducción a la sede electrónica de la Seguridad Social

Contenido

1. Introducción
2. Aspectos básicos de la sede electrónica
3. Acceso a los Ciudadanos
4. Acceso a Empresas
5. Acceso Administraciones y Mutuas
6. Resumen

Objetivos

El objetivo general de esta Unidad de Aprendizaje es:

→ Tener un primer contacto con la sede electrónica de la Seguridad Social.

Los objetivos específicos de esta Unidad de Aprendizaje son:

→ Aprender a utilizar los servicios que proporciona la sede electrónica de la Seguridad Social.

→ Saber qué se requiere, en cada caso, para la utilización de la sede electrónica.

→ Conocer los trámites que realizar en la sede electrónica de la Seguridad Social, según el tipo de usuario.

1. Introducción

Hoy en día todo tipo de trámite se puede realizar de forma autónoma, sin salir de la oficina o de casa, sin necesidad de esperar largas colas. Cada vez más organismos de nuestro país cuentan con su sede electrónica, a través de la cual, se pueden realizar la mayoría de trámites que le competen.

Así, la sede electrónica de la Seguridad Social pone a disposición del usuario un conjunto de servicios de diversa índole a los que se pueden acceder con o sin certificado digital. Está dirigida tanto al ciudadano corriente, como a las empresas y al resto de administraciones.

Para este tema tendremos como protagonista a Natalia, una trabajadora de educación infantil, la cual no dispone de tiempo para realizar cualquier tipo de trámite.

2. Aspectos básicos de la sede electrónica

☞ **HILO CONDUCTOR**

En la empresa, Natalia además de ser educadora infantil también gestiona parte del departamento de personal. Para ella es importante conocer todos los trámites telemáticos que puede realizar, ya que no dispone de mucho tiempo. La sede electrónica de la Seguridad Social es una buena herramienta para lo que necesita.

La página web de la sede electrónica de la Seguridad Social ofrece multitud de **servicios** *online* que antes se tenían que realizar en la oficina de forma presencial. Están agrupados en tres pestañas bien diferenciados, dependiendo del usuario que los utilice: **Ciudadanos, Empresas, y Administraciones y Mutuas.** Además, la sede electrónica incluye enlaces a la página web de la Tesorería General de la Seguridad Social (portal Importass) y del Instituto Nacional de la Seguridad Social (INSS, Prestaciones Seguridad Social), así como servicios comunes de registro, notificación, consulta, información y accesos (Cl@ve).

Página de inicio de la Sede Electrónica de la Seguridad Social

Para acceder a los servicios que ofrece la sede electrónica, existen dos posibilidades: de forma general mediante el botón **Acceder** de la página de Inicio, y de forma particular en cada trámite. Con el fin de proteger al usuario, el sistema asigna un **nivel de seguridad,** siendo su identificación diferente según la operación que se quiera realizar. Los niveles son:

🔓 -	Nivel 0	No requiere identificación previa
🔒 1	Nivel 1	Vía SMS Clave PIN (nivel básico o avanzado) Cl@ve Permanente (nivel básico o avanzado) Cl@ve Permanente (nivel avanzado) + SMS de refuerzo (OTP) Certificado electrónico/DNIe
🔒 2	Nivel 2	Clave PIN (nivel avanzado) Cl@ve Permanente (nivel avanzado) Cl@ve Permanente (nivel avanzado) + SMS de refuerzo (OTP) Certificado electrónico/DNIe
🔒 3	Nivel 3	Cl@ve Permanente (nivel avanzado) + SMS de refuerzo (OTP) Certificado electrónico/DNIe

La **visualización de los distintos trámites** que hay en la sede electrónica se puede configurar, para que estos se muestren en forma de **tarjetas** o en modo **acordeón**, siendo esta última modalidad la que aparece por defecto cuando se accede a ellos.

Las operaciones que consistan en la aportación de documentación o en el envío de solicitudes por parte del usuario, puede realizarlas a través del **registro electrónico** de la sede electrónica habilitado en los servicios comunes. El usuario conocerá si es posible su utilización en un trámite concreto, si aparece el icono de dicho registro.

En las pantallas de las pestañas existe en su parte inferior una sección denominada **Para tu interés...** que agiliza el acceso a páginas web relacionadas con los trámites que se tratan.

3. Acceso a los Ciudadanos

👉 HILO CONDUCTOR

Natalia va a solicitar una ayuda para hacer reformas en su domicilio y le piden un certificado del tiempo que lleva trabajando como educadora de infantil. Su gestor le ha informado que en la sede electrónica de la Seguridad Social, en la pestaña Ciudadanos puede obtener un informe de su vida laboral adecuado para lo que necesita.

Cuando el usuario es una persona física, los trámites que puede realizar en la sede electrónica de la Seguridad Social están en la pestaña **Ciudadanos.** Su estructura está compuesta por un menú lateral formado por diversos apartados que se agrupan según el tipo de servicios. Una vez seleccionado un trámite concreto, el desplegable que se abre contiene:

- Una breve explicación de lo que consiste la operación y quién está habilitado para acceder a ella.
- El botón **Obtener Acceso** para proceder a la identificación, si procede, y comenzar el trámite.
- Un menú desplegable para que el usuario elija si el trámite lo va a hacer en propia persona, como apoderado o como representante.
- Un enlace para obtener información adicional.

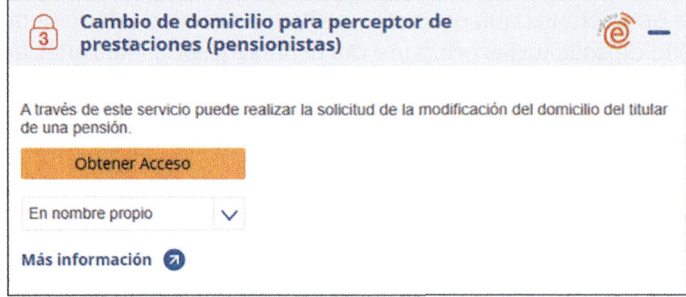

Apariencia del contenido de un trámite concreto

En algunos de los trámites que los ciudadanos realizan en la sede electrónica de la Seguridad Social, es necesario contar con un medio de autenticación de la identidad. Dependiendo del nivel de seguridad asignado al trámite, el acceso requiere un **certificado digital, DNIe, Cl@ve o vía SMS.**

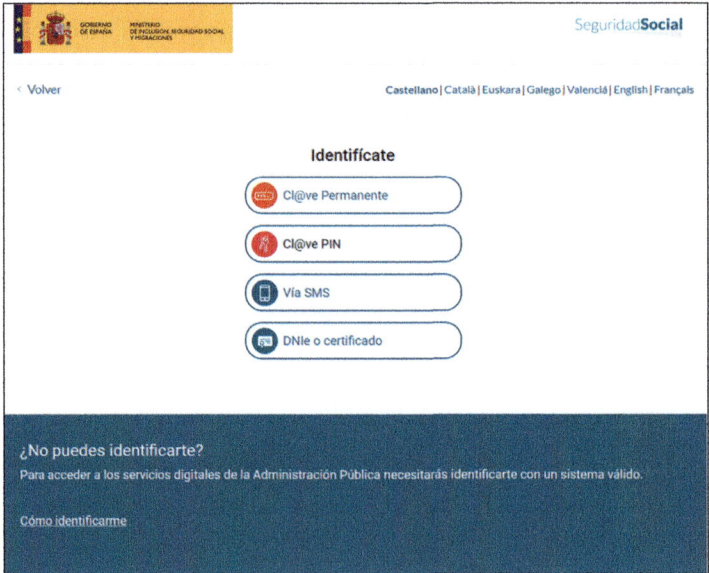

Pantalla tras pulsar el botón Acceder o el botón Obtener acceso

Si el ciudadano decide utilizar la **Vía SMS** por no disponer del resto, el procedimiento a seguir es sencillo. Se cumplimentan una serie de datos personales, incluido el número de teléfono móvil. El código de seguridad enviado por SMS al móvil indicado, se utiliza para acceder al trámite solicitado.

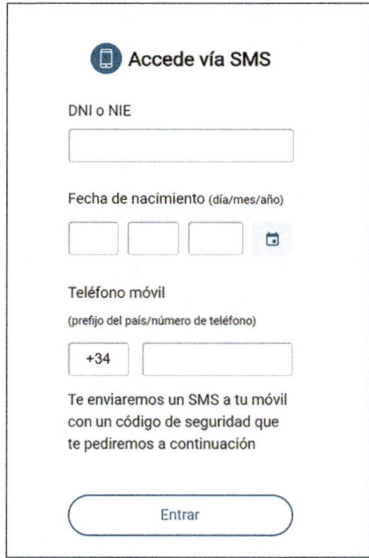

Pantalla para cumplimentar los datos personales

En lo que respecta al **DNIe** sus principales características son:

- ⮑ Tiene una apariencia parecida a la de una tarjeta de crédito.
- ⮑ El certificado de identidad pública que lleva incorporado en su chip le da la capacidad para identificar al usuario.
- ⮑ Su expedición y renovación se realiza de forma obligatoria en las oficinas del Cuerpo Nacional de Policía.
- ⮑ Para su uso, dependiendo de la versión, es imprescindible la utilización de elementos *hardware* y *software* y un PIN como contraseña personal.

Otro de los medios de acceso a los servicios electrónicos de la administración muy utilizado por los ciudadanos es el **sistema Cl@ve,** que consiste en una plataforma de verificación de identidades electrónicas. Tiene dos modalidades: **Cl@ve PIN,** para accesos ocasionales y **Cl@ve permanente,** para accesos más habituales y firma en la nube.

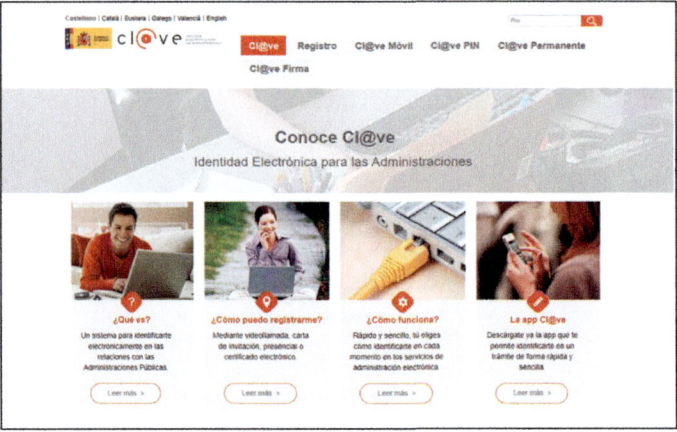

Página de inicio del sistema Cl@ve

Para utilizar el sistema Cl@ve **es necesario, como primer paso, registrarse previamente** en cualquiera de los dos niveles de registro, básico o avanzado. El primero es por internet con carta de invitación o por videollamada; mientras que el segundo requiere certificado electrónico/DNIe o personarse en una oficina de registro. A partir de la recepción del SMS de bienvenida al sistema, el siguiente paso depende de la modalidad:

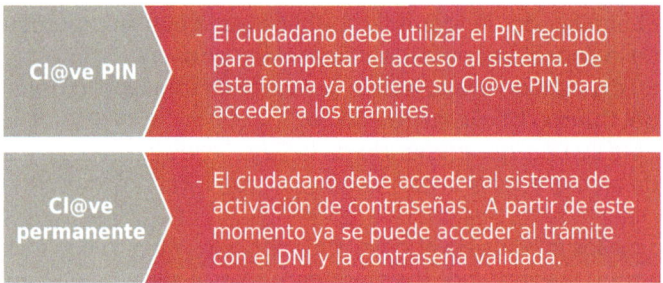

ACTIVIDAD COMPLEMENTARIA

1. Cecilio de 65 años edad está a punto de jubilarse y le gustaría conocer el importe de su pensión ¿Dónde y cómo puede hacerlo? ¿Qué necesitaría? Desarrolla tus respuestas.

4. Acceso a Empresas

☞ **HILO CONDUCTOR**

La empresa en la que trabaja Natalia va a comenzar a gestionar las cotizaciones de sus trabajadores a través de Sistema RED y necesita una autorización para ello. Como Natalia se conoce bastante bien la sede electrónica de la Seguridad Social sabe dónde hacerlo.

En la pestaña **Empresas** de la sede electrónica de la Seguridad Social se incluyen aquellos trámites que las personas jurídicas pueden realizar de forma telemática. Al igual que ocurre con la pestaña **Ciudadanos,** también está formado por distintos apartados que incluyen los trámites disponibles.

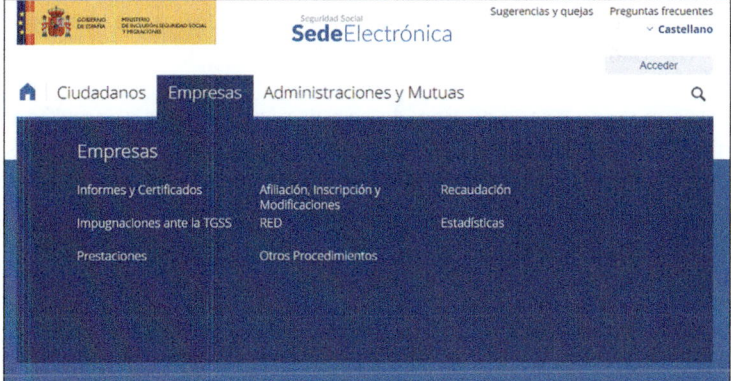

Enlaces de los apartados de la pestaña Empresas

Entre los **servicios** más representativos de esta pestaña están:

- **Impugnaciones ante la TGSS.** Permite la presentación de formularios sobre impugnaciones administrativas, realizar consultas de los expedientes activos, así como aportar documentación.
- **RED.** Trámites relacionados con la autorización que toda empresa necesita para trabajar con el Sistema RED de Seguridad Social, como solicitud, consultas, rescisión y confirmación.
- **Prestaciones.** Posibilita la realización de consultas y de comunicaciones sobre determinadas prestaciones; además de la presentación (como representante) de las prestaciones de Muerte y supervivencia.

En el acceso a estos trámites, según el nivel de seguridad, la empresa puede identificarse, entre otros medios, con el certificado digital. En la sede electrónica de la Fábrica Nacional de Moneda y Timbre (FNMT) se pueden obtener los distintos tipos de certificados electrónicos, entre los que se encuentra el Certificado Electrónico Empresa, y dentro de este, el **Certificado electrónico de persona jurídica.** Los pasos para obtenerlo, una vez situado en la sede electrónica de la FNMT, son:

1. **Configuración previa.** Es necesario comprobar que el ordenador donde se va a instalar cuenta con alguno de los navegadores compatibles (Mozilla Firefox, Google Chrome, Microsoft EDGE, Opera y Safari) y con el *software* Configurador FNMT-RCM, proporcionado por la sede.
2. **Solicitar certificado.** Se cumplimenta el NIF definitivo de la entidad y el correo electrónico que servirá para las notificaciones posteriores.
3. **Acreditar identidad.** Con el código suministrado en el paso anterior, el representante de la empresa debe dirigirse a alguna de las siguientes oficinas de acreditación: Correos, Agencia tributaria, Comunidad foral de Navarra o Comisión Nacional del Mercado de Valores.
4. **Descargar certificado.** Una vez tramitado se procede a su descarga e instalación, introduciendo únicamente el NIF de la entidad y el código de solicitud, previo pago del servicio.

Estos mismos pasos se han de seguir para solicitar el **certificado electrónico Ciudadano,** con la diferencia de que los datos personales, el NIF y el correo electrónico son los de la persona física y su acreditación de identidad tiene distintas modalidades, tales como vídeo identificación, asistencia a una oficina o DNIe.

 **NOTA**

Las entidades que tengan un NIF A, B, C o D puede solicitar la acreditación de identidad en su modalidad *online.*

Página de la sede electrónica de la FNMT para solicitar el certificado electrónico de empresa en cualquiera de sus modalidades

5. Acceso Administraciones y Mutuas

☞ HILO CONDUCTOR

A un amigo de Natalia le han pedido en su empresa un listado de los partes de enfermedad profesional hasta una fecha concreta. Como no sabe dónde obtenerlo, le pide ayuda a Natalia ya que ella conoce la sede electrónica de la Seguridad Social a la perfección. Le informa que en la pestaña de Administraciones y Mutuas hay un apartado llamado CEPROSS en el que puede obtener el listado.

En la sede electrónica de la Seguridad Social existe una pestaña dirigida al resto de Administraciones públicas que tienen alguna relación con ella y dirigido también a las mutuas colaboradoras, es la de **Administraciones y Mutuas.** En esta pestaña se facilita de una forma ágil, simple y dinámica el acceso a determinados sistemas, como son los que se muestran en la imagen.

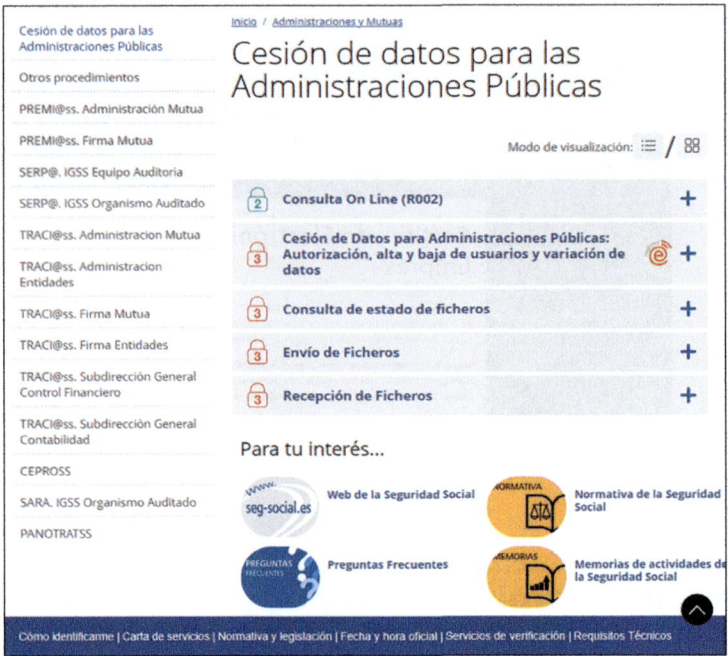

Apariencia del contenido de la pestaña de Administraciones y Mutuas

Los servicios que incluyen estos sistemas son:

- **PREMI@ss.** Las mutuas, respecto de las auditorías de cumplimiento realizadas, pueden realizar alegaciones, recepcionar informes y confirmar los informes recibidos.
- **SERP@.** Tiene dos vertientes: la que permite al equipo de auditoría solicitar documentación y recibirla; y la que posibilita que el organismo auditado reciba la notificación y envíe la documentación.
- **TRACI@ss.** Procedimientos relacionados con las cuentas anuales de las mutuas colaboradoras y de las entidades gestoras y servicios comunes de la Seguridad Social.
- **CEPROSS.** Comunicación de enfermedades profesionales en la Seguridad Social. Se permite tramitar y obtener información sobre el contenido del parte de enfermedad profesional.
- **SARA.** Trámites sobre las auditorías públicas y el control financiero.
- **PANOTRATSS:** Patologías no traumáticas causadas por el trabajo. Se permite transmitir y obtener información sobre el contenido de la comunicación de patologías no traumáticas causadas por el trabajo.

⊕ PARA SABER MÁS

Con carácter general, la Administración pública utiliza sistemas de firma electrónica para su personal y sistemas de sello electrónico para sus actos administrativos. Accede al siguiente enlace de la sede electrónica de la FNMT para conocer los distintos tipos de certificados electrónicos y cómo obtenerlos:

https://redirectoronline.com/adgd266po0101

6. Resumen

La sede electrónica de la Seguridad Social cuenta con las pestañas: **Ciudadanos, Empresas y Administraciones y Mutuas,** en las que se incluyen en distintos apartados todos los trámites que se pueden realizar de forma telemática. El acceso a dichos trámites depende del **nivel de seguridad** que tenga asignado, que puede ser: 0, sin identificación previa; 1, por vía SMS, Cl@ve PIN o permanente, certificado electrónico o DNIe; 2, igual que el caso anterior pero a nivel avanzado; y 3, Cl@ve permanente + SMS y certificado electrónico/DNIe.

Si el usuario es una persona física, los trámites que puede realizar están en la pestaña **Ciudadanos,** organizados en apartados y agrupados según el tipo. Cada trámite cuenta con una breve explicación, un botón para acceder, un menú para elegir cómo se va a actuar y un enlace con información adicional. Para acceder a los trámites de esta pestaña, los ciudadanos deben contar con **Certificado digital, Cl@ve o DNIe, o por Vía SMS.** El procedimiento para obtenerlos es distinto dependiendo del que se trate:

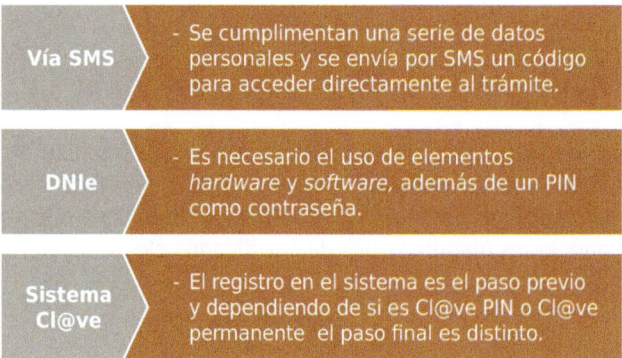

Cuando el usuario es una persona jurídica, la pestaña de la sede electrónica que incluye los trámites que se pueden realizar es **Empresas.** Sus apartados más representativos son: Impugnaciones ante la TGSS, RED y Prestaciones. Los medios para acceder a estos trámites son los mismos que para el caso de los ciudadanos, con la única diferencia de que el **certificado electrónico es propio para entidades**. Los pasos para obtenerlo son:

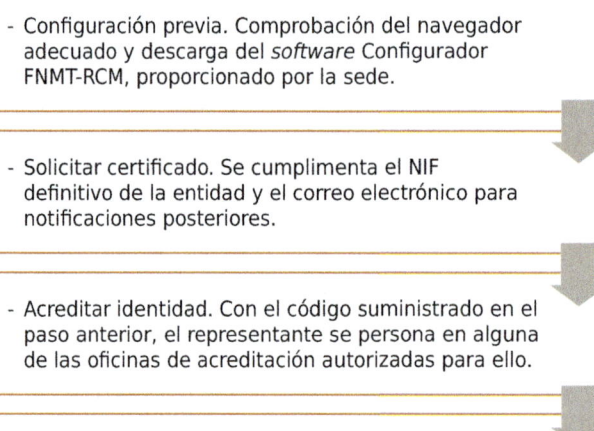

La sede electrónica también incluye una pestaña para las **Administraciones y Mutuas** y entre los servicios que ofrece están el acceso a los siguientes sistemas: PREMI@ss, SERP@, TRACI@ss, CEPROSS, SARA y PANOTRATSS. La Administración pública cuenta con un certificado electrónico específico para sus actuaciones administrativas y las de su personal.

Ejercicios de autoevaluación
Unidad de Aprendizaje 1

1. Determina si la siguiente oración es verdadera o falsa: "En la sede electrónica de la Seguridad Social existe enlaces al INSS y al portal Importass".

   ■ Verdadero
   ■ Falso

2. Si un trámite tiene un nivel de seguridad 3, ¿cómo se puede acceder a él? Selecciona todas las opciones correctas.

   a. Cl@ve Permanente (nivel avanzado) + SMS
   b. Certificado electrónico
   c. Cl@ve PIN
   d. DNIe

3. ¿Cuál es la pestaña de la sede electrónica de la Seguridad Social que ofrece servicios para las personas físicas?

   a. Administraciones
   b. Empresas
   c. Ciudadanos
   d. Mutuas

4. Determina si la siguiente oración es verdadera o falsa: "El sistema de Cl@ve PIN está dirigido a accesos habituales y Cl@ve Permanente, a la firma en la nube".

   ■ Verdadero
   ■ Falso

5. ¿Cuál de los siguientes apartados no pertenece a la pestaña Empresas?

   a. RED
   b. Recaudación
   c. Estadísticas
   d. SERP@.IGSS

6. **¿Qué apartado de la pestaña Empresas permite la presentación de formularios sobre impugnaciones administrativas?**

   a. Impugnaciones ante la TGSS
   b. Informes y certificados
   c. Afiliación, inscripción y modificaciones
   d. Sistema RED

7. **¿Cuáles de las siguientes afirmaciones sobre el certificado electrónico de persona jurídica son correctas?**

   a. Microsoft EDGE es uno de los navegadores que se pueden utilizar en la configuración previa del ordenador.
   b. Para solicitar el certificado se ha de cumplimentar, como mínimo, el NIF temporal de la empresa.
   c. El representante de la empresa puede acreditar la identidad de la misma personándose en cualquier consejería de la comunidad autónoma del domicilio social.
   d. Para descargar e instalar el certificado se requiere el NIF de la entidad y el código de solicitud recibido.

8. **Determina si la siguiente oración es verdadera o falsa: "Las entidades con un NIF F pueden solicitar la acreditación de identidad *OnLine* en el certificado electrónico de persona jurídica".**

   ■ Verdadero
   ■ Falso

9. **La pestaña de la sede electrónica dirigida a la Administración pública incluye diversos sistemas, ¿cuáles son algunos de ellos?**

   a. RED
   b. Premi@ss
   c. CEPROSS
   d. PANOTRATSS

10. **Determina si la siguiente oración es verdadera o falsa: "La Administración pública utiliza sistemas de firma electrónica para su personal y sistemas de sello electrónicos para sus actos administrativos".**

   - Verdadero
   - Falso

Catálogo de servicios de sede electrónica

Contenido

1. Introducción
2. Servicios personales sin certificado digital
3. Servicios personales con certificado digital
4. Servicios a empresas y entidades con certificado digital
5. Resumen

Objetivos

El objetivo general de esta Unidad de Aprendizaje es:

→ Conocer todos los trámites que ofrece la sede electrónica de la Seguridad Social.

Los objetivos específicos de esta Unidad de Aprendizaje son:

→ Identificar los trámites disponibles para ciudadanos tanto con certificado digital como sin él.

→ Identificar los trámites disponibles para empresas haciendo uso del certificado digital.

1. Introducción

En el año 2002 la Seguridad Social abrió su página web. Desde entonces ha ido mejorando dicha web gracias al avance en las nuevas tecnologías. Hoy en día, se puede realizar cualquier trámite de la Seguridad Social sin necesidad de personarse en una oficina oficial gracias al certificado digital.

La página web de la Seguridad Social se divide en varias partes dedicadas a trabajadores, pensionistas, empresarios, formularios y modelos, consultas, trámites y gestiones.

Desde la página web se puede tener acceso a la sede electrónica de la Seguridad Social desde la cual se accede al servicio *online* de la Seguridad Social donde con el certificado digital podrás realizar cualquier tipo de trámite; pero si no cuentas con un certificado digital, puedes imprimir el formulario que desees, rellenarlo y presentarlo en una oficina oficial.

En esta unidad seguiremos con el caso de Natalia, trabajadora de una empresa de educación y que ha sido encargada de aprender a manejar los diversos trámites de la sede electrónica de la Seguridad Social que interesan a la empresa.

2. Servicios personales sin certificado digital

☞ **HILO CONDUCTOR**

Natalia, aunque ya tiene su certificado digital, quiere comprobar qué tipos de servicios ofrece la Seguridad Social sin certificado digital, porque ella cree que hay trámites que si se realizan personándose en el lugar se hacen de forma más eficiente.

La sede electrónica de la Seguridad Social ofrece la posibilidad de realizar varios trámites sin certificado digital, aunque la mayoría se realizan ya con el certificado digital.

RECUERDA

El certificado digital es un archivo formado por un conjunto de datos personales con el que se pueden realizar trámites por vía telemática.

Los trámites que pueden solicitarse sin necesidad de tener instalado el certificado digital son los siguientes:

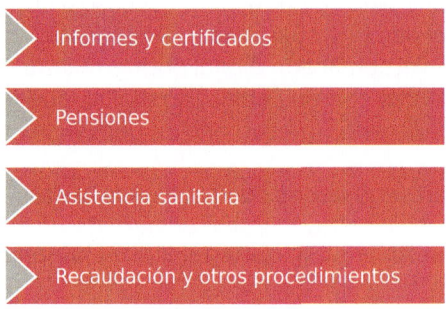

Informes y certificados

Pensiones

Asistencia sanitaria

Recaudación y otros procedimientos

2.1. Informes y certificados

En muchas ocasiones se solicita algún informe o certificado, por ejemplo, para un puesto de trabajo o para completar la solicitud de una pensión.

NOTA

Para realizar este tipo de trámites, deberás imprimir el impreso de solicitud, rellenarlo y presentarlo personalmente en la oficina de la Seguridad Social.

En esta sección se encuentran los diferentes trámites que se pueden realizar sin certificado digital para obtener certificados o informes. Este tipo de trámites se adapta a personas que no tienen el certificado digital y prefieren personarse en las oficinas de la Seguridad Social, como personas mayores.

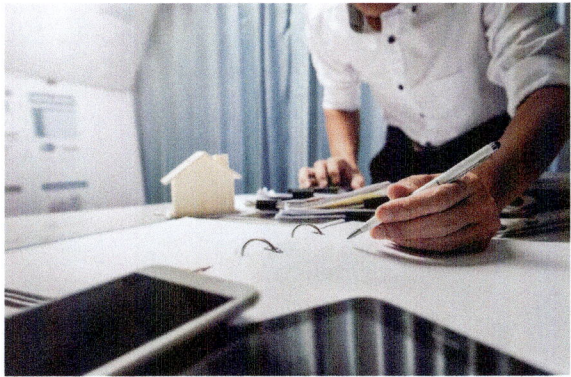

Hay trámites que te permiten obtener un informe o certificado sin necesidad de tener el certificado digital.

A continuación se detallan los tipos de trámites que hay:

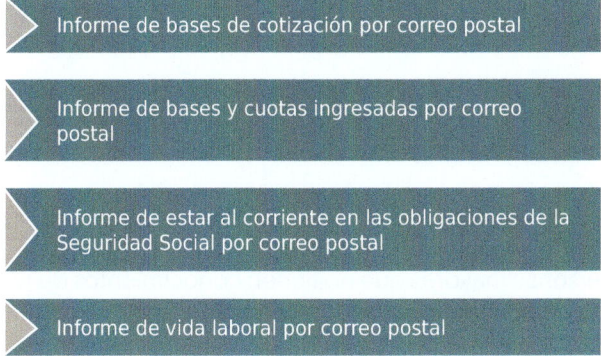

> Informe de bases de cotización por correo postal

> Informe de bases y cuotas ingresadas por correo postal

> Informe de estar al corriente en las obligaciones de la Seguridad Social por correo postal

> Informe de vida laboral por correo postal

2.2. Pensiones

En este apartado se pueden realizar todo tipo de trámites relacionados con la pensión. Es el apartado más utilizado sin certificado digital debido a que va dirigido a personas con más de 65 años.

Hay personas mayores que no manejan las nuevas tecnologías y necesitan hacer trámites sobre sus pensiones sin certificado digital.

 ## DEFINICIÓN

Pensión

Es una cuantía de dinero que percibe un beneficiario de forma ocasional o vitalicia por parte del Estado según sus leyes o por parte de una entidad privada según una suma acordada.

Hay personas mayores que no tienen conocimientos de las nuevas tecnologías y/o no tienen a nadie que les ayude, por tanto, no tienen más remedio que realizar los trámites relacionados con sus pensiones ellos mismos.

Los trámites serían:

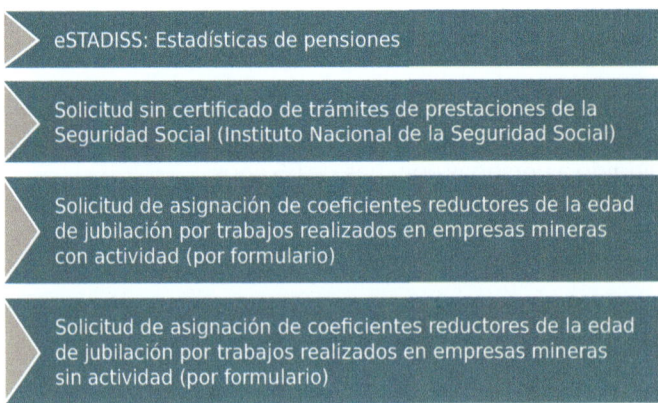

- eSTADISS: Estadísticas de pensiones
- Solicitud sin certificado de trámites de prestaciones de la Seguridad Social (Instituto Nacional de la Seguridad Social)
- Solicitud de asignación de coeficientes reductores de la edad de jubilación por trabajos realizados en empresas mineras con actividad (por formulario)
- Solicitud de asignación de coeficientes reductores de la edad de jubilación por trabajos realizados en empresas mineras sin actividad (por formulario)

ACTIVIDAD COMPLEMENTARIA

2. Agustín es una persona jubilada y ha cambiado de domicilio y de banco. No está familiarizado con las nuevas tecnologías, por tanto, no tiene certificado digital. Quiere ir a una oficina de la Seguridad Social a indicar su cambio de domicilio y bancario para que no afecte a su pensión. ¿Podrá realizar dicho trámite?

2.3. Asistencia sanitaria

Esta sección presenta trámites dirigidos a todo lo relacionado con la asistencia sanitaria, como el derecho del ciudadano a tener asistencia sanitaria o como para obtener la tarjeta sanitaria europea.

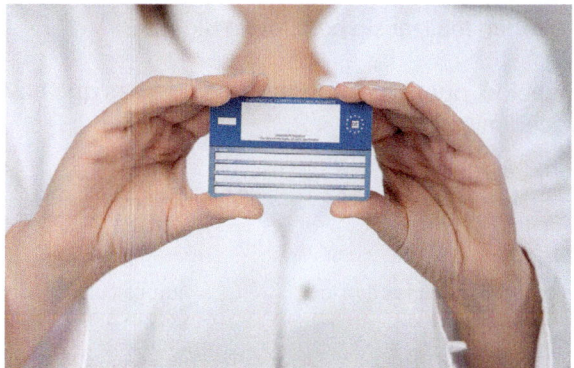

Se puede solicitar la tarjeta sanitaria europea sin certificado digital.

Los trámites serían los siguientes:

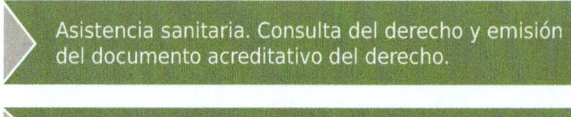

Asistencia sanitaria. Consulta del derecho y emisión del documento acreditativo del derecho.

Solicitud Tarjeta Sanitaria Europea (TSE).

DEFINICIÓN

Asistencia sanitaria
Es la prestación de servicios médicos y farmacéuticos necesarios para conservar o restablecer la salud de las personas protegidas.

2.4. Recaudación y otros procedimientos

Hay personas que pueden tener deudas de pago con la Seguridad Social y esto lo pueden pagar sin necesidad de tener certificado digital y se puede hacer frente a la deuda tanto con una tarjeta de crédito como con una tarjeta de débito en el momento y, una vez pagado, también se puede pedir un certificado de estar al corriente de pago.

Por último, hay procedimientos que no tienen una sección clara que también se pueden realizar sin certificado digital.

A continuación, puedes ver los tipos de trámites que hay en recaudación y otros procedimientos:

Recaudación	Otros procedimientos
- Pago con tarjeta de deudas con la Seguridad Social.	- Autocálculo de convenios especiales. - Consulta de estado de solicitud de informes. - Perfil de contratante. - Ingreso Mínimo Vital. - Presentación de otros escritos, solicitudes y comunicaciones (Instituto Nacional de la Seguridad Social). - Presentación de otros escritos, solicitudes y comunicaciones (Tesorería General de la Seguridad Social).

APLICACIÓN PRÁCTICA

Agustín no tiene certificado digital, ya que no maneja las nuevas tecnologías ni hay nadie que pueda ayudarle. Quiere obtener un informe que le indique su vida laboral completa. ¿En qué sección deberá rellenar el formulario que le permita obtenerla?

Solución

Si quieres obtener un informe de tu vida laboral y no tienes certificado digital deberás dirigirte a la sección Informes y certificados y solicitar el trámite Informe de vida laboral por correo postal.

----

3. Servicios personales con certificado digital

☞ HILO CONDUCTOR

Natalia ha visto qué tipos de trámites ofrece la Seguridad Social sin necesidad de tener el certificado digital. Ahora quiere saber qué tipo de trámites ofrece la Seguridad Social con el certificado digital y así no tener que personarse en una oficina.

La sede electrónica de la Seguridad Social tiene la ventaja de poder realizar la mayoría de los trámites que ofrece de manera telemática mediante el certificado digital. Esto agiliza los trámites y reduce la espera en la oficina.

Los trámites que pueden solicitarse con certificado digital son los siguientes:

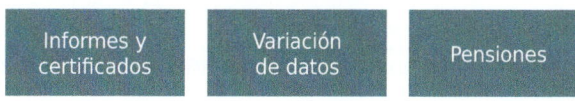

Informes y certificados *Variación de datos* *Pensiones*

Continúa en página siguiente >>

<< Viene de página anterior

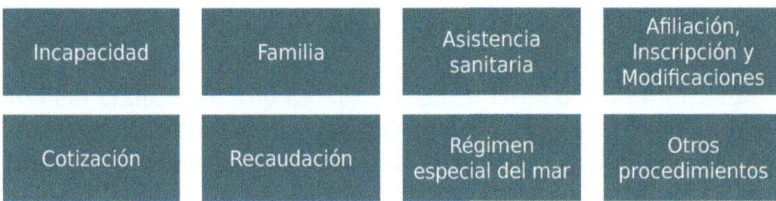

3.1. Informes y certificados

En este apartado se pueden obtener informes y certificados, por ejemplo, necesarios para la pensión. Puedes obtener certificados e informes con un solo clic gracias al certificado digital y de forma instantánea. El certificado digital tiene muchas ventajas:

 **RECUERDA**

Los certificados e informes se pueden solicitar sin certificado digital, pero esto supone esperar colas en una oficina.

Hay muchos trámites en esta sección, aunque los más representativos son:

Asistencia sanitaria: consulta del derecho y emisión del documento acreditativo del derecho
- Este servicio permite consultar y obtener el documento que acredita el derecho a la asistencia sanitaria pública.

Certificado de estar al corriente en las obligaciones de la Seguridad Social
- Las personas físicas que tienen asignado número de afiliación a la Seguridad Social (NAF) podrán obtener y/o consultar *online* un certificado en el que se recoge la información relativa a la existencia o no de deudas contraídas con la Seguridad Social.

Informe de situación actual del trabajador
- Este servicio permite consultar *online* y/o imprimir un informe sobre la situación del solicitante en los distintos regímenes del sistema de la Seguridad Social a la fecha de la petición.

Informe de vida laboral
- A través de este servicio podrá obtener y/o consultar *online* un informe en el que se recogen todas las situaciones de alta o baja de una persona en el conjunto de los distintos regímenes del sistema de la Seguridad Social.

3.2. Pensiones

En este apartado se pueden realizar todo tipo de trámites relacionados con la pensión. Como has visto en el apartado anterior, es el más utilizado sin certificado digital debido a que va dirigido a personas con más de 65 años.

 **RECUERDA**

La pensión es una cuantía de dinero que percibe un beneficiario de forma ocasional o vitalicia por parte del Estado según sus leyes o por parte de una entidad privada según una suma acordada.

La mayoría de las personas mayores no tienen conocimientos informáticos básicos y no pueden solicitar su certificado digital, por tanto acuden a hijos o nietos para que ellos se lo soliciten y puedan realizar los trámites que se muestran a continuación:

Comunicación inicio/fin de la actividad laboral de pensionistas
- A través de este servicio puede realizar, por registro electrónico, la comunicación de inicio o finalización de la realización de una actividad laboral.

Comunicación de datos del cónyuge de pensionistas
- A través de este servicio puede realizar, por registro electrónico, la comunicación de datos del cónyuge de pensionista.

Modificación de datos bancarios (del pensionista)
- A través de este servicio puede realizar, por registro electrónico, la solicitud de la modificación de datos bancarios para el cobro de la pensión.

Prestación de incapacidad permanente nacional
- Este servicio permite solicitar, por registro electrónico, la pensión de incapacidad permanente.

Simulador de jubilación
- Este servicio permite simular la edad con la que se puede jubilar y la cuantía aproximada. Permite simular situaciones futuras teniendo en cuenta los datos y cotizaciones realizadas hasta el día de hoy.

¿Cómo va mi prestación?
- Este servicio permite consultar la situación en la que se encuentra el trámite de la prestación solicitada y efectuar un seguimiento de las fases del proceso desde que se presenta la solicitud hasta que se resuelve.

NOTA

Este tipo de trámite sirve de gran ayuda para las personas mayores, ya que aprenden y se familiarizan con las nuevas tecnologías.

3.3. Incapacidad

La incapacidad laboral es aquella situación sufrida por una persona que no es capaz de llevar a cabo las funciones relativas a su puesto de trabajo con todas las garantías.

Se puede distinguir entre dos tipos de incapacidades:

Con el certificado digital puedes solicitar la baja por nacimiento y cuidado de menores o por incapacidad.

En esta sección se pueden realizar todo tipo de trámites relacionados con la incapacidad de una persona. Se puede solicitar desde una prestación por incapacidad hasta la solicitud de una revisión para una incapacidad.

 **IMPORTANTE**

Estos tipos de trámite no se pueden realizar sin certificado digital.

En **Incapacidad,** los trámites más representativos son los siguientes:

Presentación de informes médicos
- Este servicio permite presentar por registro electrónico, en nombre propio o por representación de otra persona, informes médicos actualizados, dirigidos a las unidades médicas del Instituto Nacional de la Seguridad Social, en relación con las prestaciones del sistema de Seguridad Social.

Prestación de incapacidad permanente nacional
- Este servicio permite solicitar, por registro electrónico, la pensión de incapacidad permanente.

Gestión de la prestación de incapacidad temporal
- Este servicio permite solicitar, por registro electrónico, la prestación de incapacidad temporal, en pago directo por el INSS.

Solicitud de revisión de la incapacidad permanente
- A través de este servicio puede realizar, por registro electrónico, la solicitud de la revisión de la incapacidad permanente.

3.4. Familia

En esta sección se podrán realizar trámites para dar de alta una solicitud de subsidio por nacimiento y cuidado de menores, para recibir prestaciones relacionadas con el embarazo, por tener hijos a cargo, por el seguro escolar o por tener un hijo con cáncer u otra enfermedad grave.

Según la Seguridad Social:

Las prestaciones familiares están destinadas a cubrir la situación de necesidad económica o de exceso de gastos que produce, para determinadas personas, la existencia de responsabilidades familiares y el nacimiento o adopción de hijos en determinados casos.

Los trámites más representativos son los siguientes:

Nacimiento y Cuidado de Menor
- Este servicio permite solicitar, la prestación para disfrutar del periodo de descanso laboral correspondiente, por nacimiento, adopción, guarda con fines de adopción y acogimiento permanente o temporal superior a un año.

Prestaciones familiares por hijo a cargo
- Este servicio permite solicitar, por registro electrónico, las prestaciones familiares de pago periódico por hijo o menor a cargo y de pago único por nacimiento/adopción en los supuestos de familias numerosas, monoparentales y madres con discapacidad, y por parto o adopción múltiples.

Prestaciones otorgadas por el seguro escolar
- Este servicio permite solicitar, por registro electrónico, las prestaciones del seguro escolar por accidente escolar, enfermedad y/o accidente no escolar, infortunio familiar y gastos de sepelio, para estudiantes en 3.° y 4.° de la ESO, bachillerato y universidades.

Prestación de riesgo durante el embarazo
- Este servicio permite solicitar, por registro electrónico, la certificación médica de riesgo y la prestación de riesgo durante el embarazo, cuando la gestión corresponde al INSS.

Prestación económica para el cuidado de menores afectados por cáncer u otra enfermedad grave (pago directo)
- Este servicio permite solicitar, por registro electrónico, la prestación económica para el cuidado de menores afectados por cáncer u otra enfermedad grave, cuando la gestión corresponde al Instituto Nacional de la Seguridad Social (INSS).

3.5. Asistencia sanitaria

Estos trámites van dirigidos, igual que has visto anteriormente, a todo lo relacionado con la asistencia sanitaria, como el derecho del ciudadano a tener asistencia sanitaria o como para obtener la tarjeta sanitaria europea.

 **RECUERDA**

La asistencia sanitaria es la prestación de servicios médicos y farmacéuticos necesarios para conservar o restablecer la salud de las personas protegidas.

Con el certificado digital puedes solicitar la tarjeta sanitaria europea desde tu propia casa y en unos días lo recibirás en tu domicilio, sin tener que llevar ningún formulario a una oficina.

Los trámites más representativos son los siguientes:

> **Asistencia sanitaria. Solicitud de reconocimiento del derecho (como titular)**
> - Este servicio permite solicitar el reconocimiento del derecho a la asistencia sanitaria, tanto al titular como a aquellos beneficiarios que no lo tienen.

> **Asistencia sanitaria. Consulta del derecho y alta de beneficiarios**
> - Permite consultar el derecho a la asistencia sanitaria y solicitar la inclusión de beneficiarios.

> **Solicitud Tarjeta Sanitaria Europea (TSE)**
> - Este servicio permite realizar la solicitud o la renovación de la tarjeta sanitaria europea (TSE).

3.6. Afiliación, Inscripción y Modificaciones

Cuando se va a comenzar a realizar una actividad laboral que se incluye por primera vez en la Seguridad Social, deberás solicitar un número de afiliación.

DEFINICIÓN

Afiliación a la Seguridad Social
Es el acto administrativo por el que la Tesorería General de la Seguridad Social incluye a una persona física que por primera vez vaya a realizar una actividad que está incluida en su campo de aplicación.

Alta en la Seguridad Social
Es el acto administrativo por el que la Tesorería General de la Seguridad Social reconoce a la persona que va a realizar una actividad laboral su condición de incluida en su campo de aplicación a efectos de derechos y obligaciones.

Inscripción a la Seguridad Social
Es el acto administrativo por el que la Tesorería General de la Seguridad Social asigna al empresario un número para su identificación y control de sus obligaciones en el respectivo régimen del sistema de la Seguridad Social.

La afiliación a la Seguridad Social presenta unas características:

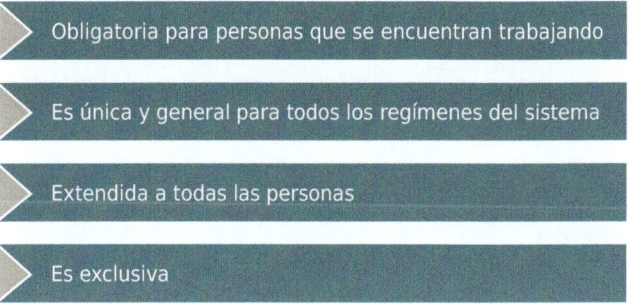

Obligatoria para personas que se encuentran trabajando

Es única y general para todos los regímenes del sistema

Extendida a todas las personas

Es exclusiva

NOTA

Mediante el certificado digital puedes solicitar el número de afiliación en el apartado **Asignación de número de Seguridad Social,** el cual se encuentra en la sede electrónica.

Los trámites más representativos son los siguientes:

Alta en trabajo autónomo
- A través de este servicio puede solicitar el alta en el régimen especial de trabajadores por cuenta propia o autónomos (RETA) dentro del sistema de la Seguridad Social.

Cambio de base de cotización de trabajo autónomo
- A través de este servicio podrá solicitar el incremento o la modificación de su base de cotización.

Cambio de domicilio de trabajador /empresa
- A través de este servicio podrá realizar el cambio del domicilio que figura en la base de datos de la Seguridad Social.

Cambio y comunicación de teléfono y correo electrónico
- A través de este servicio podrá realizar el alta y/o modificación de la información relativa a teléfono móvil, teléfono fijo y correo electrónico.

Rectificación de informe de vida laboral
- A través de este servicio podrá solicitar la rectificación de los datos de las diferentes situaciones que constan en los informes de vida laboral y/o incorporar las situaciones inexistentes en estos informes.

3.7. Cotización

Una vez que una persona se incorpora al mercado laboral, ya sea como trabajador en una empresa o por cuenta propia, debe contribuir con una cuota a la Seguridad Social.

DEFINICIÓN

Cotización

Es la acción por la cual los sujetos obligados aportan recursos económicos a la Tesorería General de la Seguridad Social en virtud de su inclusión en dicho sistema por el ejercicio de una actividad laboral.

Según la actividad a desarrollar y la empresa donde se desarrolla dicha actividad, el porcentaje del salario mensual que percibe la Tesorería General de la Seguridad Social será uno u otro.

NOTA

En situación de desempleo y sin percibir ningún tipo de prestación, no se cotiza.

Los trámites son los siguientes:

Consulta de cálculos de cuotas para trabajador
- A través de este servicio se ofrece a los trabajadores la posibilidad de consultar los cálculos de sus cuotas en aquellas liquidaciones, confirmadas en el Sistema de Liquidación Directa (SLD) o en RED Directo, en las que se encuentren incluidos.

Domiciliación en cuenta
- A través de este servicio podrá solicitar la domiciliación del pago de las cuotas de la Seguridad Social en la entidad financiera de su elección o el cambio de la cuenta bancaria.

Rectificación de informe de bases de cotización
- A través de este servicio podrá solicitar la rectificación de los datos reflejados en los informes de las bases de cotización y/o incorporar la información inexistente en dichos informes.

3.8. Recaudación

Como has visto en apartados anteriores, hay personas con deudas de pago con la Seguridad Social y podían hacer frente a ellas con una tarjeta de crédito o débito sin necesidad de tener certificado digital. Aunque para hacer esto había que personarse en una oficina oficial de la Tesorería General de la Seguridad Social, por tanto, con el certificado digital puedes solucionar cualquier tipo de deuda con la Seguridad Social desde casa. Se puede pagar igualmente con tarjeta de crédito o débito.

Los trámites más representativos en esta sección son:

Aplazamiento en el pago de deudas a la Seguridad Social
- Este servicio permite solicitar, por registro electrónico, el aplazamiento de las cuotas o deudas contraídas con la Seguridad Social.

Informe de estar al corriente en las obligaciones de la Seguridad Social
- A través de este servicio puede consultar *online*, obtener y/o imprimir un informe sobre la existencia o inexistencia de deudas con la Seguridad Social.

Consulta de deudas y obtención de documento de pago
- Este servicio facilita la consulta de deudas o liquidaciones pendientes de pago, además de la obtención del documento de pago correspondiente.

 ACTIVIDAD COMPLEMENTARIA

3. Francisco actualmente se encuentra en situación de desempleo y sin recibir ningún tipo de prestación, es decir, no tiene actualmente ingresos. Tiene una deuda con la Seguridad Social, pero no puede hacer frente a dicha deuda. ¿Qué le recomiendas?

3.9. Régimen especial del mar

Esta sección va dirigida a las personas que trabajan en el mar. Gracias al certificado digital estos trabajadores pueden realizar todos los trámites que necesiten sin necesidad de personarse en una oficina oficial, ya que estos trabajadores no pueden ir a una oficina oficial debido a que su trabajo no se lo permite.

Esta sección va dirigida a tres tipos de trabajadores:

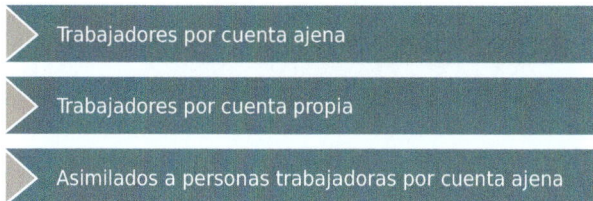

> Trabajadores por cuenta ajena

> Trabajadores por cuenta propia

> Asimilados a personas trabajadoras por cuenta ajena

Los trámites más representativos son los siguientes:

> **Alta trabajadores REM por cuenta propia**
> - A través de este servicio puede solicitar el alta como trabajador por cuenta propia en el régimen especial de trabajadores del mar dentro del sistema de la Seguridad Social.

> **Comunicación inicio/fin de la actividad laboral de pensionistas (REM)**
> - A través de este servicio puede realizar, por registro electrónico, la comunicación de inicio o finalización de la realización de una actividad laboral.

> **Prestación por Nacimiento y Cuidado de Menor (REM)**
> - Este servicio permite solicitar, por registro electrónico, la prestación de nacimiento y cuidado de menor a trabajadores del régimen especial del mar.

> **Tarjeta sanitaria europea (TSE) y Certificado Provisional Sustitutorio (CPS) (REM)**
> - Este servicio permite realizar la solicitud o la renovación de la tarjeta sanitaria europea (TSE) o la obtención del Certificado provisional Sustitutorio de la Tarjeta.

Continúa en página siguiente >>

<< Viene de página anterior

Certificado de prestaciones (REM)
- A través de este servicio puede solicitar, por registro electrónico, un certificado de las prestaciones de la Seguridad Social que percibe.

Pensión de jubilación (REM)
- Este servicio permite solicitar, por registro electrónico, la pensión de jubilación a los trabajadores del régimen especial del mar.

Revisión de la incapacidad permanente (REM)
- A través de este servicio puede realizar, por registro electrónico, la solicitud de la revisión de la incapacidad permanente.

3.10. Otros procedimientos

Hay procedimientos que no tienen una sección clara que también se pueden realizar con certificado digital. Este tipo de procedimientos se encuentran en esta sección.

Confirmación de asignación de CCCs o NAFs a un autorizado RED
- Este servicio permite asignar el código de cuenta de cotización de la empresa (CCC) o el número de afiliación, a un autorizado RED, para gestionar las obligaciones de la Seguridad Social.

APLICACIÓN PRÁCTICA

Antonia está embarazada. El médico le ha diagnosticado que su embarazo es de riesgo. Natalia le ha comunicado que con el certificado digital puede solicitar una ayuda debido a este tipo de embarazo, pero no recuerda que trámite es. ¿Podrías ayudarla?

Continúa en página siguiente >>

<< *Viene de página anterior*

Solución

Si durante el embarazo se te diagnostica que es de riesgo puedes solicitar una prestación por ello. Solamente se puede realizar con certificado digital en la sección Familia.

---

4. Servicios a empresas y entidades con certificado digital

 **HILO CONDUCTOR**

Natalia ya tiene bastante información sobre el uso del certificado digital en general. Conoce los trámites que pueden realizar los ciudadanos, pero ahora debe investigar cuáles puede realizar una empresa mediante un certificado digital.

Para la gestión telemática de la mayoría de los trámites con la Seguridad Social, las empresas recurren a los certificados digitales admitidos por la sede electrónica.

 **NOTA**

Al igual que para trámites de los ciudadanos, el certificado más utilizado es el certificado FNMT-RCM.

Desde la página web de la Seguridad Social se ofrece la posibilidad a una empresa del acceso a toda la información necesaria para la gestión de la empresa, como bien pueden ser altas y bajas de empleados, cotización o pagos a acreedores, entre otros trámites.

NOTA

Hay varios trámites que se pueden realizar sin certificado digital, es decir, un empleado encargado para ello descarga y rellena los formularios necesarios y se persona en una oficina de la Seguridad Social.

Los trámites disponibles en la sede electrónica de la Seguridad Social se estructuran en las mismas secciones que has visto en este temario, como son informes y certificados, cotización, recaudación, etc. Todas las secciones se muestran a continuación:

APLICACIÓN PRÁCTICA

Natalia ha recibido la orden de su jefe de pagar la deuda que tienen con la Seguridad Social. Ella obtuvo el certificado digital para la empresa y se ha dirigido a la sección Recaudación, pero no sabe qué trámite solicitar. ¿Podrías ayudarla?

Solución

Una empresa que tenga una deuda con la Seguridad Social podrá, gracias al certificado digital, cancelarla realizando el pago de la misma mediante tarjeta de débito en el trámite Pago con tarjeta de deudas de Seguridad Social.

----

5. Resumen

La página web de la Seguridad Social tiene un servicio *online* denominado Sede Electrónica de la Seguridad Social desde donde se pueden realizar diversos trámites, tanto para trabajadores como para empresas, y todos ellos con certificado digital y sin él.

Las secciones de la sede electrónica de la Seguridad Social donde se pueden realizar los trámites sin certificado digital son:

Para mayor comodidad, se pueden realizar los trámites de manera telemática gracias al certificado digital. Esto supone una serie de ventajas:

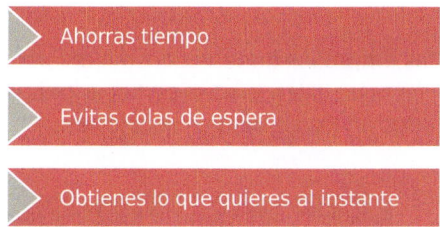

Respecto a los trámites que se pueden realizar sin certificado digital hay muchos más que se pueden realizar con certificado digital, los cuales se encuentran en las siguientes secciones:

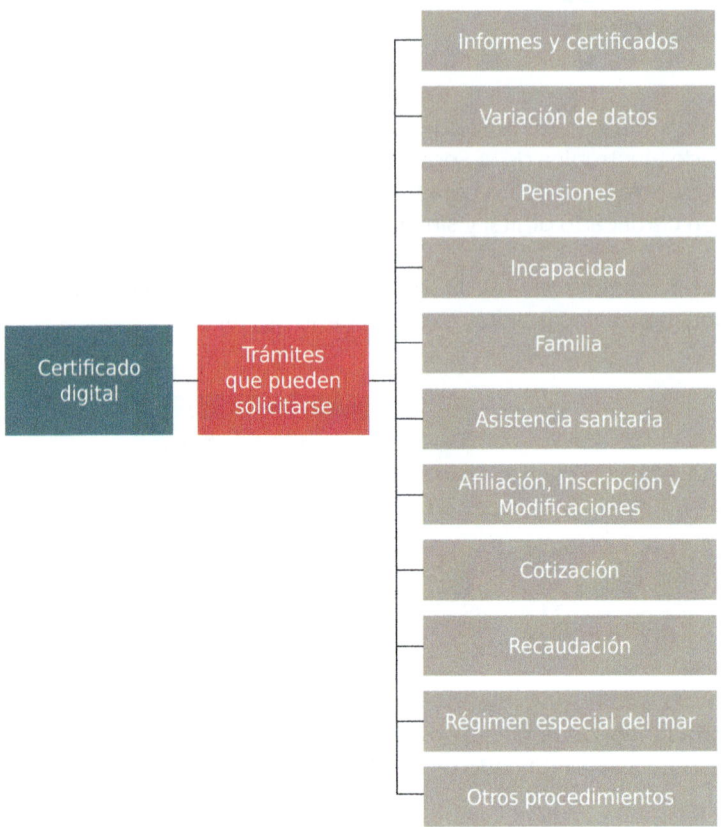

Actualmente, las empresas tienen acceso a diversos trámites mediante certificado digital (el más utilizado es el certificado digital FNMT-RCM), los cuales están ubicados en las siguientes secciones:

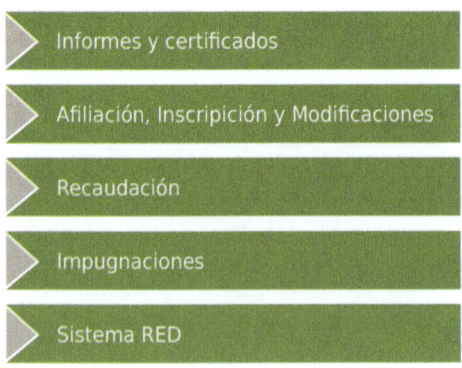

Continúa en página siguiente >>

<< Viene de página anterior

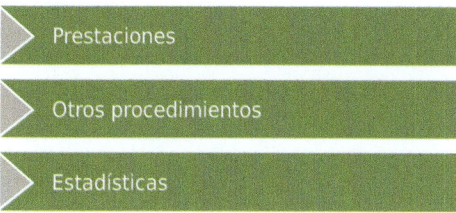

Ejercicios de autoevaluación
Unidad de Aprendizaje 2

1. **El certificado digital es:**

   a. Un archivo formado por un conjunto de datos con el que se pueden realizar trámites por vía telemática.
   b. Un archivo formado por un conjunto de datos personales con el que se pueden realizar trámites por vía telemática.
   c. Un archivo formado por un conjunto de datos con el que se pueden realizar trámites personalmente.
   d. Un archivo formado por un conjunto de datos personales con el que se pueden realizar trámites personalmente.

2. **Ordena los pasos que hay que seguir para realizar un trámite de la Seguridad Social sin certificado digital:**

   - Rellenar formulario.
   - Presentar formulario en la oficina de la Seguridad Social.
   - Imprimir formulario.

3. **¿Qué trámite sin certificado digital es el más demandado por las personas mayores?**

   a. Informes y certificados
   b. Pensiones
   c. Asistencia sanitaria
   d. Recaudación y otros procedimientos

4. **Determina si la siguiente oración es verdadera o falsa: "La tarjeta sanitaria europea (TSE) solo puede solicitarse sin certificado digital".**

   - Verdadero
   - Falso

5. **Si quiero obtener un informe sobre mi vida laboral, debo entrar en la sección:**

   a. Informes y resultados
   b. Recaudación

c. Cotización
d. Otros procedimientos

6. **Determina si la siguiente oración es verdadera o falsa: "La mayoría de los trámites de la sección incapacidad se pueden realizar solamente con certificado digital".**

   ■ Verdadero
   ■ Falso

7. **Selecciona las ventajas del certificado digital en procesos de la Seguridad Social:**

   a. Evitar colas de espera.
   b. Proceso lento.
   c. Ahorrar tiempo.
   d. Obtener lo que quieres al instante.

8. **Si un médico te certifica una incapacidad permanente, ¿qué trámite debes solicitar?**

   a. Prestación de informes médicos.
   b. Solicitud de revisión de la incapacidad permanente.
   c. Prestación de incapacidad permanente.
   d. Prestación de incapacidad permanente temporal.

9. **La cotización:**

   a. Es la acción por la cual los sujetos obligados aportan recursos económicos a la Tesorería General de la Seguridad Social en virtud de su inclusión en dicho sistema, por el ejercicio de una actividad laboral.
   b. Es la acción por la cual los sujetos obligados aportan recursos económicos a la Seguridad Social según el tipo de contrato que posean.
   c. Es la acción por la cual los sujetos obligados obtienen la autorización para realizar trámites telemáticos con la Seguridad Social.

d. Es la acción por la cual los sujetos están obligados a aportar recursos económicos a la Tesorería General de la Seguridad Social en virtud de su inclusión en el Régimen General, exclusivamente.

10. **Determina si la siguiente oración es verdadera o falsa: "Los trabajadores por cuenta ajena no pueden realizar trámites de la sección Régimen especial del mar".**

   ■ Verdadero
   ■ Falso

Comunicación con la Tesorería General de la Seguridad Social

Contenido

1. Introducción
2. El Sistema RED *online*
3. Sistema de Liquidación Directa
4. Resumen

Objetivos

El objetivo general de esta Unidad de Aprendizaje es:

→ Conocer cómo establecer una buena comunicación con la Seguridad Social.

Los objetivos específicos de esta Unidad de Aprendizaje son:

→ Profundizar en el Sistema RED *online*.

→ Describir la metodología del Sistema de Liquidación Directa.

1. Introducción

Los tiempos han cambiado y para realizar cualquier tipo de trámite no hace falta personarse en una oficina y esperar largas colas de espera.

Las empresas pueden realizar trámites como cotización o afiliación de sus empleados desde su propio despacho mediante el certificado digital de forma directa o también se pueden realizar mediante *softwares* como *WinSuite32* o SILTRA.

Para acceder a estos sistemas se deberá asegurar la comunicación entre el ordenador y la Seguridad Social; para ello, se necesitan unos requisitos mínimos en el ordenador con el que se va a comunicar con la Seguridad Social. La comunicación la establecerá con cualquier certificado digital admitido por la Seguridad Social o a través del *software* SILTRA necesario para la utilización del Sistema de Liquidación Directa de cotizaciones.

Para esta unidad seguiremos centrándonos en el caso de Natalia, empleada de una empresa de educación, la cual va a investigar la manera óptima para comunicarse con la Seguridad Social y enviarle datos.

2. El Sistema RED *online*

☞ HILO CONDUCTOR

Natalia sigue formándose para llevar a cabo en un futuro tareas administrativas de su empresa de educación. Vio por encima el Sistema RED, pero ahora quiere profundizar más en el tema y en el *software WinSuite32* y SILTRA.

El **Sistema RED** es un servicio de la Tesorería General de la Seguridad Social que permite a los usuarios contactar con ella para acceder a los datos de empresa y de los trabajadores. Es un servicio cuyo objetivo es el intercambio de documentos e información entre la Tesorería General de la Seguridad Social y los usuarios.

RECUERDA

El Sistema RED está formado por tres subsistemas: Sistema RED Directo, Sistema RED Internet y Sistema de Liquidación Directa.

El Sistema RED es un servicio que ofrece muchas facilidades a los usuarios, por tanto, se puede decir que presenta muchas ventajas, aunque también tiene algunos inconvenientes:

Ventajas	Inconvenientes
- Eliminación de gestiones administrativas presenciales. - Conexión directa a través de internet. - Todo el día disponible para transmitir información. - Respuesta inmediata por parte de la Tesorería General de la Seguridad Social. - Más moderno y accesible. - Seguridad y privacidad social.	- Sin certificado digital no puedes acceder. - Necesitas buena conexión a internet. - Necesidad de un buen ordenador. - Muchas personas no tienen conocimientos de informática básica.

Se puede acceder al Sistema RED online a través de un *software* instalado en el ordenador. Esto permite acceder al Sistema RED Internet y al Sistema de Liquidación Directa.

2.1. Sistema RED Internet

El Sistema RED Internet es un servicio que ofrece la Tesorería General de la Seguridad Social a empresas, agrupaciones de empresas y profesionales, cuyo objetivo es el intercambio de información y documentos a través de Internet.

Para trabajar con el Sistema RED Internet, la Tesorería General de la Seguridad Social proporciona un *software* gratuito conocido como *WinSuite32*.

Este *software* sirve de ayuda para poder utilizar el Sistema RED Internet en un ordenador y con sistemas operativos *Windows*.

WinSuite32 permite intercambiar mensajes con la Tesorería General de la Seguridad Social.

El *software WinSuite32* tiene como objetivo intercambiar mensajes con la Tesorería General de la Seguridad Social en diversos trámites:

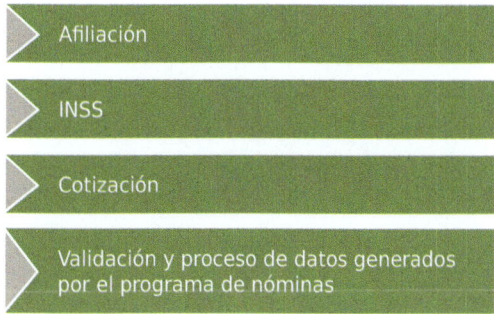

- Afiliación
- INSS
- Cotización
- Validación y proceso de datos generados por el programa de nóminas

Para poder utilizar el *software WinSuite32* necesitas tener unos mínimos requisitos técnicos para que los trámites se realicen en unas óptimas condiciones. Estos requisitos son los que se exponen a continuación.

➲ Características ordenador personal

- ◍ Procesador tipo Core 2 1,06 Ghz
- ◍ 4 Gb memoria RAM
- ◍ 100 Mb disponibles de disco duro
- ◍ Pantalla VGA o superior
- ◍ Teclado estándar

➲ Sistema operativo

  ꙮ *Windows 7* o superior (32/64 bits)

➲ Adobe Acrobat Reader 4.0
➲ Buena conexión a internet
➲ Navegador de internet

  ꙮ *Mozilla Firefox*
  ꙮ *Google Chrome*
  ꙮ *Internet Edge*

➲ Java Oracle 1.8 o superior

 ACTIVIDAD COMPLEMENTARIA

4. Francisco es el encargado de la empresa de llevar todas las tareas administrativas. Va a instalar el *software WinSuite32*, pero lo quiere instalar en *Linux*, ¿podrá hacerlo?

Mediante el Sistema RED Internet se pueden realizar varios trámites para comunicarse una empresa con la Tesorería General de la Seguridad Social. Estos trámites son los siguientes:

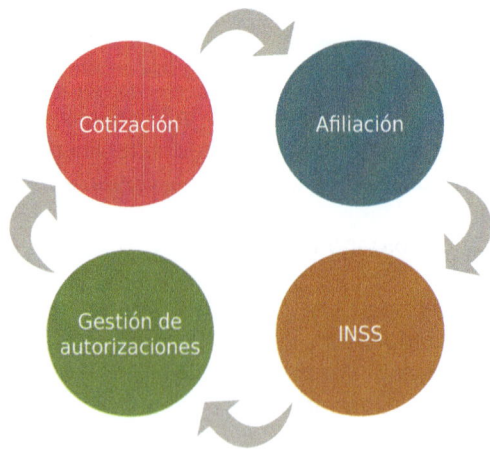

En los próximos puntos se profundizará en cada uno de estos trámites para un mayor entendimiento.

Cotización

En este apartado se pueden presentar cotizaciones por vía *online,* documentos RNT (Relación Nominal de Trabajadores), tramitación de saldos de acreedores e ingreso de las cuotas mediante pago directo o domiciliación bancaria.

NOTA

El documento RNT es un documento oficial de la Seguridad Social correspondiente a trabajadores por cuenta ajena que se encuentran afiliados a una empresa.

Una empresa que tiene en plantilla a un empleado contratado por cuenta ajena y afiliado a dicha empresa debe presentar el documento RNT y así la Tesorería General de la Seguridad Social calcula el RLC (Recibo de Liquidación de Cotización). Esto se introduce en el *software* SILTRA y se proporciona un recibo de liquidación, el cual se puede pagar directamente en un banco o se puede domiciliar.

DEFINICIÓN

Cotización
Es la cuota que los trabajadores deben ingresar al Estado debido a que se encuentran trabajando.

Un trabajador comienza a cotizar en el momento en el que se une laboralmente a una empresa. La cotización se mantiene en los siguientes casos:

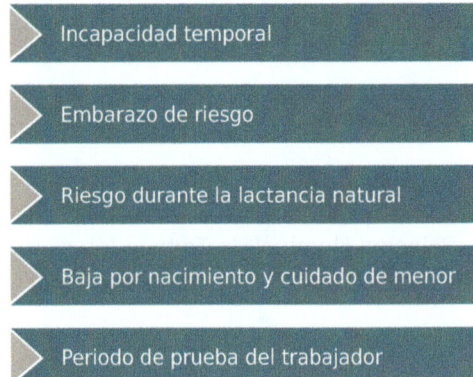

La cuota de la cotización de un trabajador debe ser ingresada por parte del empresario. Para ello, descuenta a cada trabajador su cuota de cotización de la nómina mensual.

La cuota de cotización se debe calcular según varios parámetros.

 IMPORTANTE

Un trabajador deja de cotizar cuando su relación con la empresa ha terminado. El parte de baja de este trabajador debe comunicarse a los siguientes tres días naturales.

La cuota es, por tanto, un porcentaje de la nómina de un trabajador. Cada trabajador tendrá una cuota distinta de cotización según el puesto de trabajo, estudios, horas de trabajo, etc. Por tanto, la cuota se calcula según unos parámetros:

Base de cotización
La base de cotización es aquella formada por el sueldo bruto de cada trabajador y las pagas extraordinarias prorrateadas. Cada año se establecen unos topes en la base de cotización para cada categoría profesional.

Tipo de cotización
El tipo de cotización es el porcentaje que se aplica a la base de cotización anteriormente calculada para obtener así la cuota a pagar por cada empleado a la Seguridad Social.

Utilizando el Sistema de Liquidación Directa (SLD), a través de la aplicación SILTRA se puede trabajar en el ámbito de cotización. Se trata del intercambio de ficheros XML entre el usuario y la Tesorería General de la Seguridad Social.

Afiliación

Cuando comienzas por primera vez a trabajar, aparte de comenzar a cotizar, también quedas registrado en la Seguridad Social mediante un número de afiliación.

 DEFINICIÓN

Afiliación
Es un acto administrativo mediante el cual la Tesorería General de la Seguridad Social reconoce la condición de incluida en el sistema de la Seguridad Social a la persona física que por primera vez realiza una actividad determinante de su inclusión en el ámbito de aplicación del mismo.

Por tanto, cada vez que una persona vaya a realizar una actividad laboral por primera vez deberá solicitar un número de afiliación a la Seguridad Social. El número de afiliación presenta unas características:

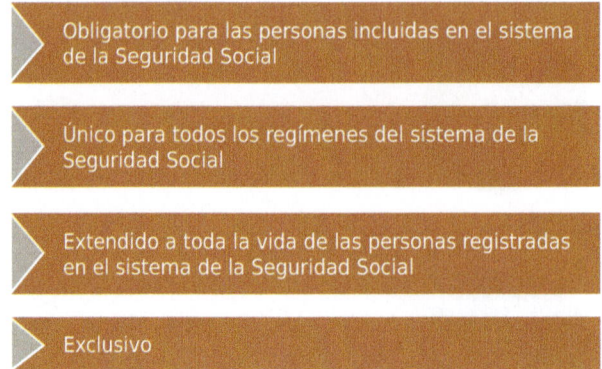

Obligatorio para las personas incluidas en el sistema de la Seguridad Social

Único para todos los regímenes del sistema de la Seguridad Social

Extendido a toda la vida de las personas registradas en el sistema de la Seguridad Social

Exclusivo

El número de afiliación es el mismo que el número de la Seguridad Social, es decir, una vez que se comienza una actividad laboral se asigna un número de afiliación a la Seguridad Social y a su vez ese número sirve como número de la Seguridad Social.

Número de afiliación = Número de la Seguridad Social

NOTA

El número de afiliación lo pueden solicitar dos personas, o el propio trabajador o el empresario si el trabajador no lo ha hecho.

El número de afiliación se puede solicitar por dos vías:

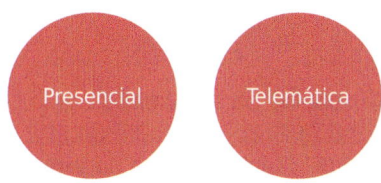

El proceso de afiliación de un trabajador ya sea para alta, baja o variación de datos se realiza a través del Sistema RED.

Este proceso consiste en conectarse telemáticamente con la Tesorería General de la Seguridad Social desde tu propio ordenador. Esto se consigue, como bien sabes, con el certificado digital. Una vez dentro, el usuario podrá dar de alta, de baja o variar los datos de un trabajador.

Por tanto, mediante el Sistema RED se puede actuar en la afiliación de dos formas:

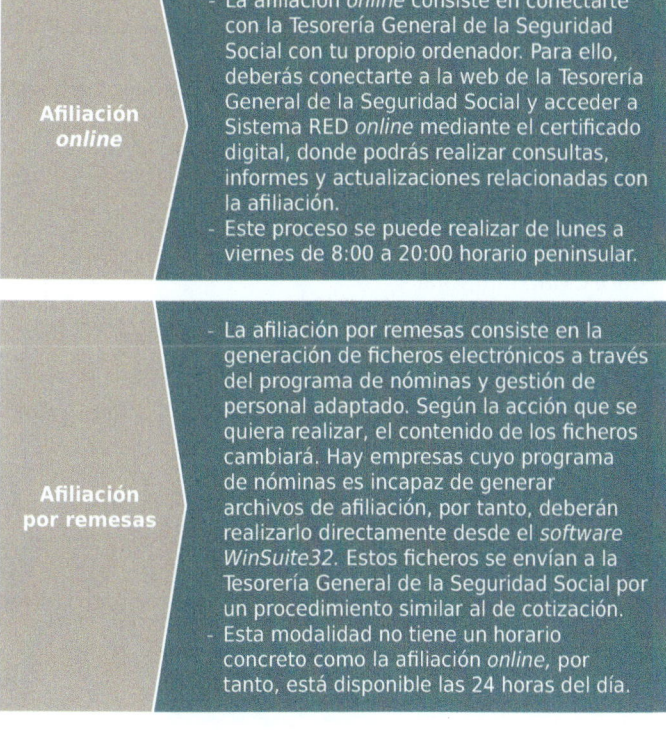

INSS

Cuando se quiere solicitar un certificado por la prestación de nacimiento y cuidado de menor o realizar un trámite de alta o baja de trabajadores hay que dirigirse al Instituto Nacional de la Seguridad Social (INSS).

 **DEFINICIÓN**

INSS

Es el encargado de gestionar y conceder o no las prestaciones económicas de la Seguridad Social. También se encarga de la administración de la asistencia sanitaria.

Se encarga de la administración de las prestaciones económicas, excepto de las prestaciones administradas por el Servicio Público de Empleo Estatal (SEPE) y por el Instituto de Mayores y Servicios Sociales (IMSERSO).

Los servicios que se tramitan a través del INSS son los siguientes:

- Incapacidad permanente
- Pensión de viudedad
- Pensión de orfandad
- Auxilio por defunción
- Incapacidad temporal
- Nacimiento y cuidado de menor
- Prestación por riesgo durante el embarazo
- Prestación por riesgo durante la lactancia natural
- Ayudas para el cuidado de hijos menores con enfermedad grave
- Lesiones permanentes no invalidantes
- Prestaciones familiares
- Seguro escolar
- Pensión de jubilación

Todos estos trámites se pueden realizar de dos formas diferentes:

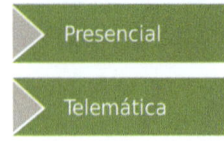

Presencial

Telemática

A través del Sistema RED se pueden realizar trámites de:

Partes de altas y bajas de incapacidad temporal	**Remisión de certificados de prestación por nacimiento y cuidado de menor**

- Los envíos de estos partes se realizan desde la web de la Seguridad Social en el Sistema RED *online*. El proceso es similar al que has visto anteriormente para la afiliación *online*.	- Los certificados por nacimiento y cuidado de menor de la empresa se comunican mediante el Sistema RED online para el reconocimiento de las prestaciones correspondientes.
	- El proceso a realizar es el siguiente:
	   - Incorporación de los datos asociados a la empresa (régimen y cuenta cotización) y los datos asociados al trabajador (NAF e identificador).
	   - Introducción de datos adicionales, tales como fecha de inicio y fin de la baja y su motivo correspondiente, bases de cotización de los últimos meses y tipo de contrato del trabajador.

Gestión de autorizaciones

En el Sistema RED *online* se puede acceder al trámite Gestión de autorizaciones, donde se pueden realizar dos tipos de trámites: gestión de CCC/NAF y gestión de usuarios secundarios.

En el apartado **Gestión de CCC/NAF** un usuario que ha tramitado la autorización de CCC y NAF puede ver su estado de tramitación. Se pueden asignar o rescindir el CCC y el NAF tramitados.

Aquí se comprobará si el NIF de la autorización coincide con el NIF del CCC y del NAF; si coincide, se asigna automáticamente, y si no coincide, el empresario deberá confirmar la asignación telemáticamente.

NOTA

El empresario, si no dispone de certificado digital, puede confirmar la asignación del CCC y del NAF presentando personalmente los impresos FR103, FR104 y FR10.

Un usuario principal, el cual puede ser un empresario, puede acceder a la gestión de usuario secundario y dar de alta, baja o modificar cualquier dato de una autorización correspondiente a otros usuarios, que pueden ser sus empleados.

2.2. Sistema RED Directo

El **Sistema RED Directo** no necesita tener instalado ningún *software,* como sí ocurre en el Sistema RED Internet y el Sistema de Liquidación Directa. Lo que sí deberás tener son unos requisitos mínimos:

⊃ Características ordenador personal

    ◑ Procesador tipo Core 2 1,06 Ghz
    ◑ 1 Gb memoria RAM
    ◑ 60 Mb disponibles de disco duro
    ◑ Pantalla VGA o superior
    ◑ Teclado estándar

⊃ Buena conexión a internet mediante ADSL o wifi
⊃ Sistema operativo

    ◑ *Windows 7* o superior (32/64 bits)
    ◑ *Linux*
    ◑ *Android/ioS*

⊃ Navegador de internet

    ◑ *Mozilla Firefox*
    ◑ *Google Chrome*
    ◑ *Internet Edge*

El Sistema RED Directo va dirigido a empresas con un máximo de 15 trabajadores, pero si en algún momento su número aumenta tendrá un límite de 25 trabajadores; si lo supera, deberá solicitar un cambio de CCC.

 **RECUERDA**

Para asegurar la comunicación entre la Tesorería General de la Seguridad Social y el usuario en el Sistema RED Directo solo hace falta el certificado digital.

El Sistema RED Directo va dirigido a empresas pequeñas.

El Sistema RED Directo presenta una serie de ventajas e inconvenientes:

Ventajas ✓	Inconvenientes ✗
- Conexión directa con la Tesorería de la Seguridad Social. - Puedes acceder desde cualquier lugar. - Sencillo de utilizar. - Ahorro de tiempo y costes. - Garantía de seguridad y privacidad social.	- Necesitas certificado digital. - Conexión estable de internet porque operas *online*.

A este sistema solo se puede acceder mediante el certificado digital y un ordenador personal, pero no puedes acceder en cualquier momento, ya que tiene horario, como si fuese una oficina de la Seguridad Social; por tanto, solo puedes acceder de lunes a viernes de 8:00 a 20:00 horas.

Los trámites del Sistema RED Directo se realizan por vía telemática.

 PARA SABER MÁS

El Sistema RED cuenta en su página web con un apartado de noticias en el que se muestran todas las novedades relevantes. Accede al siguiente enlace para conocerlo:

https://redirectoronline.com/adgd266po0302

El Sistema RED Directo presenta una serie de ventajas e inconvenientes:

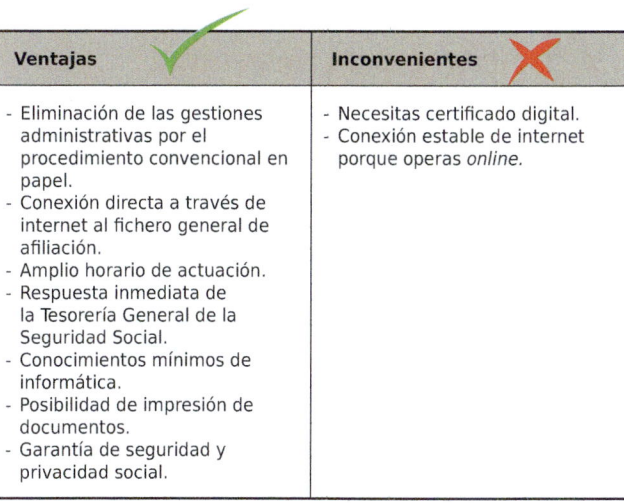

Ventajas ✓	Inconvenientes ✗
- Eliminación de las gestiones administrativas por el procedimiento convencional en papel. - Conexión directa a través de internet al fichero general de afiliación. - Amplio horario de actuación. - Respuesta inmediata de la Tesorería General de la Seguridad Social. - Conocimientos mínimos de informática. - Posibilidad de impresión de documentos. - Garantía de seguridad y privacidad social.	- Necesitas certificado digital. - Conexión estable de internet porque operas *online*.

Los trámites que se pueden realizar tanto en el Sistema RED Directo como en el Sistema RED internet son los siguientes:

Por último, el Sistema de Liquidación Directa es la última parte que forma el Sistema RED *online*.

ACTIVIDAD COMPLEMENTARIA

5. Agustín quiere conocer cuáles son los trámites comunes que puede realizar con RED Directo y RED Internet. ¿Podrías ayudarlo? Desarrolla tu respuesta.

---

3. Sistema de Liquidación Directa

HILO CONDUCTOR

Con el uso del sistema de comunicación de las cotizaciones a la Seguridad Social (Sistema de Liquidación Directa), Natalia necesita un nuevo ordenador, ya que debe instalar el *software* SILTRA. Su departamento lo comunica a la dirección de la empresa y acceden a ello.

El Sistema de Liquidación Directa es un **modelo de facturación de la TGSS,** donde la liquidación se hace a nivel de trabajador, es decir, se calcula tramo a tramo por si hubiera diferentes cotizaciones en el mismo período. Estos cambios en la base de cotización pueden estar originados por cambios en la contratación o en el puesto de trabajo, modificación de coeficientes a tiempo parcial, IT, cambios en vínculo familiar, relaciones laborales de carácter especial, etc.

DEFINICIÓN

Tramo
Hace referencia a las distintas situaciones de cotización que un trabajador puede tener en un mismo período.

La TGSS es la que liquida las cuotas de la Seguridad Social de cada trabajador, a través del **Sistema de Liquidación Directa (SLD),** en función de los datos que disponga de la empresa y de aquellos otros que esta deba aportar en cumplimiento de sus obligaciones. Además, aplica las deducciones y compensaciones correspondientes según la información de las entidades gestoras y colaboradoras, para generar un borrador de liquidación.

La empresa debe **contar con la debida autorización expedida por la TGSS y con un certificado electrónico válido** para el acceso al SLD. De forma que, calculadas las nóminas y desde el primer día del mes siguiente al devengo de las mismas, la empresa puede transmitir telemáticamente a la tesorería los datos necesarios. Para el envío de dicha información, los programas de gestión laboral generan diversos ficheros que son transmitidos a través de la **aplicación SILTRA.**

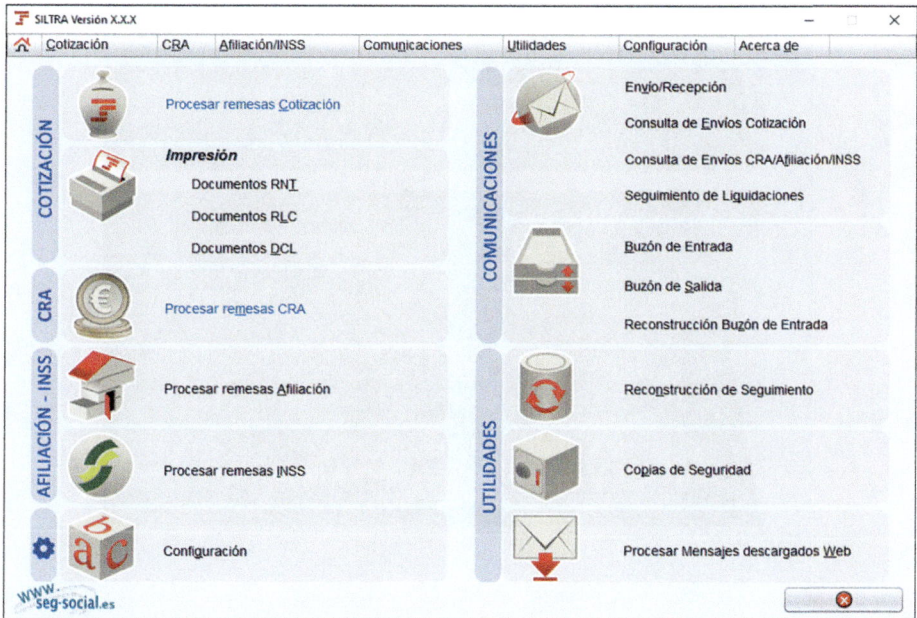

Página de inicio de la aplicación SILTRA

Para la realización de la liquidación, se siguen los siguientes **pasos** en esta aplicación:

Generación de ficheros de cotización
- El empresario o una persona encargada para ello genera los ficheros XML relacionados con la cotización mediante un programa de nóminas.

Continúa en página siguiente >>

<< *Viene de página anterior*

Validación y adaptación del fichero XML
- Antes de enviar el fichero XML deberá ser validado y adaptado. Este proceso se realiza desde el módulo **Cotización** en SILTRA. Esto se puede realizar de dos formas desde la pantalla inicial de SILTRA. O bien directamente en el apartado **Procesar remesas cotización** o bien en la parte superior pinchas sobre **Cotización** y después sobre **Procesar remesas cotización.**

Configuración con Validación y adaptación
- Tras incorporar los ficheros XML, puedes iniciar el proceso para realizar la validación y adaptación de dichos ficheros. Para iniciar el proceso hay que pulsar sobre **Procesar.**
- Tras realizarse el proceso pueden aparecer dos mensajes de aviso, o bien para indicar que hay errores, los cuales deberás subsanar, o bien si el proceso se ha completado correctamente.

Envío de ficheros
- Dependiendo de la opción configurada en SILTRA para el procesado de ficheros, el envío de ficheros se puede realizar automáticamente o el usuario deberá realizar el envío.
- Si se ha configurado con **Validación, adaptación y envío,** SILTRA, tras procesar los datos, realizará el envío de forma automática. Aunque si se ha configurado con **Validación y adaptación** el usuario deberá solicitar el envío de los ficheros XML. Para ello, el usuario deberá acceder a la opción **Envío y Recepción** que se encuentra en la página inicial de SILTRA.

NOTA

El nombre del fichero XML no podrá contener ningún carácter especial como por ejemplo: \ /^ | # ? ´ " ` · ¿ i < > { } *.

Los modelos oficiales de la RNT y del RLC son:

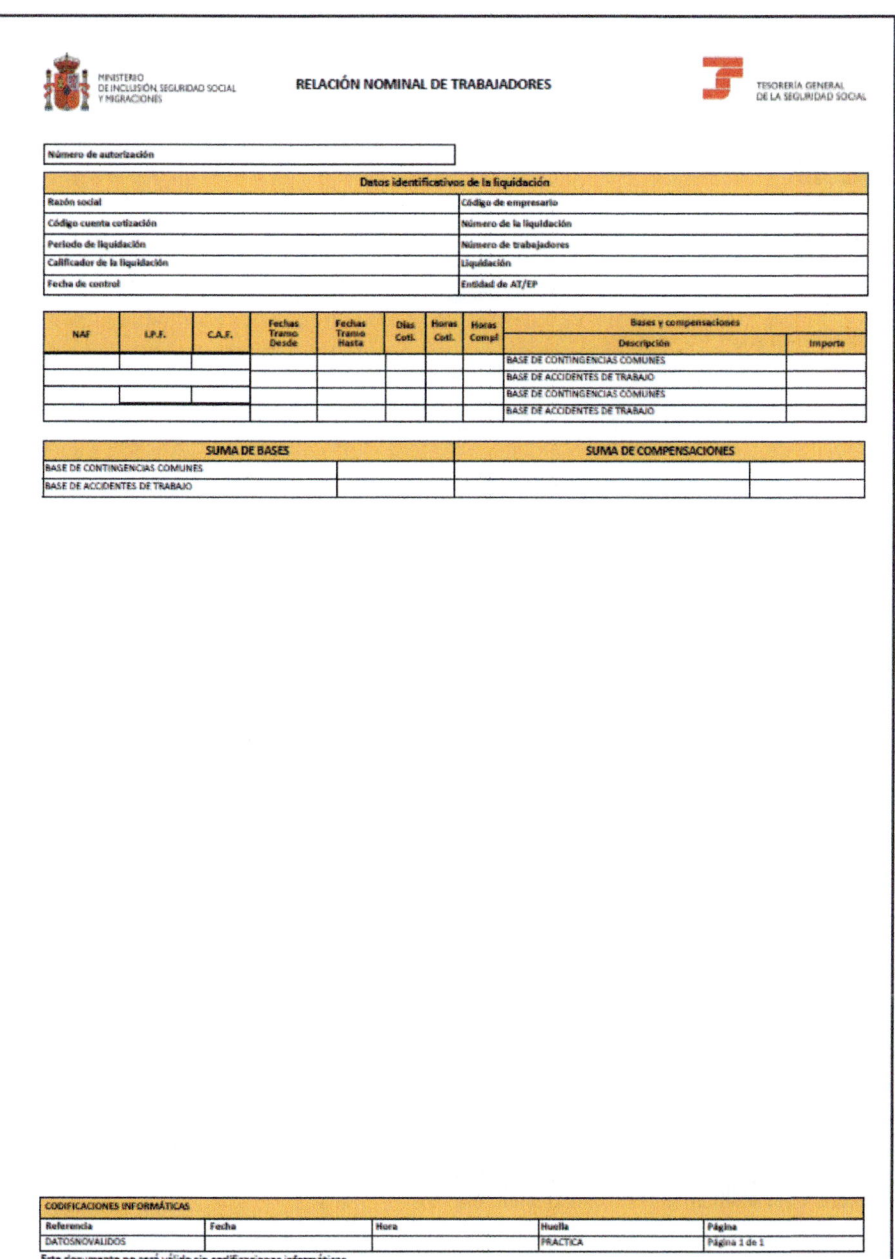

Apariencia de la Relación Nominal de Trabajadores

Apariencia del Recibo de Liquidación de Cotizaciones

SABÍAS QUE...

Con la implantación del Sistema de Liquidación Directa (SLD) los documentos de cotización TC1 y TC2, quedaron sustituidos respectivamente por el Recibo de Liquidación de Cotizaciones (RLC) y la Relación Nominal de Trabajadores (RNT), aunque con los mismos efectos.

- -

La empresa debe atender a los siguientes **plazos** relacionados con la presentación de las cotizaciones:

➲ Se pueden presentar declaraciones desde el primer día del mes siguiente al que se refiera la liquidación hasta el penúltimo día. Si el pago es domiciliado, será hasta el día 20.

➲ Se pueden ingresar las cotizaciones desde que se generen los documentos de pago hasta el último día del mes siguiente al que corresponda la liquidación. Si el pago es domiciliado, el cargo siempre se hace el último día del mes.

➲ Los plazos de cierre de las liquidaciones presentadas son el día 24 del mes para el cierre de oficio de borradores totales y el día 28 del mes para el cierre de oficio de liquidaciones.

Las **modalidades de pago** de los Recibos de Liquidación de Cotizaciones son:

➲ **Pago electrónico:** la empresa recibe el RLC para que su pago se realice en las Entidades Financieras que desee. El ingreso se realiza hasta el último día del mes, a través de RLC emitido por la TGSS.

➲ **Cargo en cuenta:** consiste en la domiciliación bancaria del RLC. Sus plazos son: día 22 del mes, cierre de cargo en cuenta; día 31 del mes, envío del adeudo con los datos bancarios existentes a día 22.

TAREA 1

Julia es la nueva encargada en su empresa de gestionar las cotizaciones de los trabajadores. No tiene mucha información sobre qué *software* necesita usar para poder realizar su tarea ni qué archivos necesita enviar, ¿podrías ayudarla describiendo el sistema que debe utilizar?

- -

4. Resumen

El Sistema RED es un servicio de la Tesorería General de la Seguridad Social que permite a los usuarios contactar con ella para acceder a los datos de empresa y trabajadores. El Sistema RED está formado por:

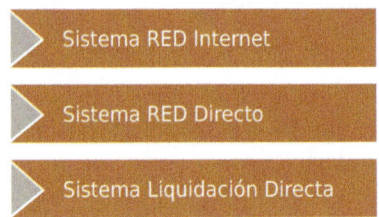

Sistema RED Internet

Sistema RED Directo

Sistema Liquidación Directa

Para el Sistema RED Internet la Tesorería General de la Seguridad Social proporciona un *software* gratuito conocido como *WinSuite32*. Este *software* sirve de ayuda para poder utilizar el Sistema RED Internet en un ordenador y con sistemas operativos *Windows*. El *software WinSuite32* tiene como objetivo intercambiar mensajes con la Tesorería General de la Seguridad Social en diversos trámites:

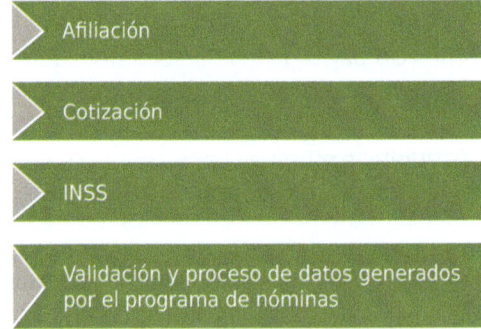

Afiliación

Cotización

INSS

Validación y proceso de datos generados por el programa de nóminas

Mediante el Sistema RED Internet se pueden realizar varios trámites para comunicarse una empresa con la Tesorería General de la Seguridad Social. Estos trámites son los siguientes:

Cotización

Continúa en página siguiente >>

<< Viene de página anterior

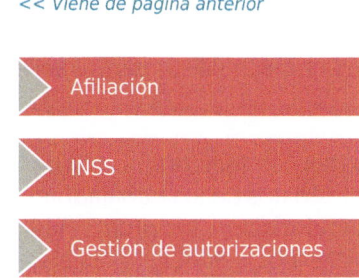

El Sistema RED Directo no necesita tener instalado ningún *software,* como sí ocurre en el Sistema RED Internet y el Sistema de Liquidación Directa. Este sistema va dirigido a pequeñas empresas formadas por un máximo de 15 trabajadores.

Acceder al Sistema RED *online* a través de un *software* instalado en tu ordenador, esto te permite acceder al Sistema RED Internet y al Sistema de Liquidación Directa.

El Sistema RED Internet es un servicio que ofrece la Tesorería General de la Seguridad Social a empresas, agrupaciones de empresas y profesionales cuyo objetivo es el intercambio de información y documentos a través de internet. Este servicio se realiza a través del *software WinSuite32.*

Los trámites que se pueden realizar en el Sistema RED Directo y en el Sistema RED Internet son los siguientes:

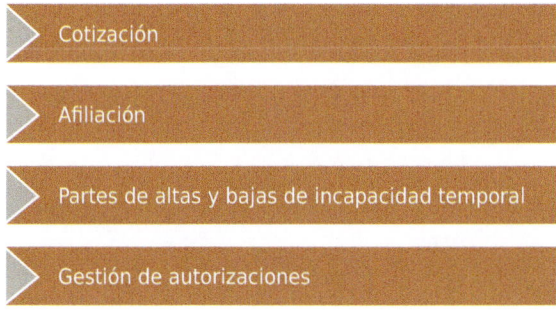

El Sistema de Liquidación Directa (SLD) es un modelo de facturación de la TGSS donde se liquida por trabajador y se calcula tramo a tramo por si hubiera diferentes cotizaciones en el mismo periodo. Se realiza con los datos que la tesorería tenga de la empresa y con aquellos otros que deba aportar esta para cumplir con sus obligaciones. La utilización del SLD está supeditada a la obtención de una autorización expedida por la TGSS y a la tenencia de un certificado electrónico válido para el acceso a dicho sistema.

Una vez calculadas las nóminas, la empresa debe transmitir por vía telemática a la TGSS aquellos datos de los trabajadores con los que no cuenta. Para el envío de dicha información, los programas de gestión laboral permiten la generación de diversos ficheros, los cuales son transmitidos a la TGSS en los plazos establecidos y a través de la aplicación SILTRA. La tesorería, como respuesta, envía a la empresa la Relación Nominal de Trabajadores definitiva y el Recibo de Liquidación de Cotizaciones final para proceder a su pago a través de las modalidades habilitadas.

Ejercicios de autoevaluación
Unidad de Aprendizaje 3

1. ¿Qué subsistemas forman el Sistema RED?

    a. Sistema RED Directo.
    b. Sistema RED *WinSuite32.*
    c. Sistema RED Internet.
    d. Sistema de Liquidación Directa.

2. Determina si la siguiente oración es verdadera o falsa: "Para acceder al Sistema RED Internet se necesita el *software WinSuite32".*

    ■ Verdadero
    ■ Falso

3. En la aplicación SILTRA, ¿cuáles son los documentos que se utilizan en el proceso de liquidación de cotizaciones?

    a. Recibo de liquidación de cotizaciones
    b. Documento de cálculo de liquidación
    c. Relación nominal de trabajadores
    d. TC1 y TC2

4. La relación nominal de trabajadores es...

    a. ... el conjunto de cuotas que un trabajador debe ingresar al Estado por estar realizando una actividad laboral.
    b. ... el recibo de liquidación de cotizaciones de los trabajadores de una empresa.
    c. ... un documento oficial de la Seguridad Social correspondiente a trabajadores por cuenta ajena que se encuentran afiliados a una empresa.
    d. ... un documento en el que se muestra un listado de los trabajadores autónomos económicamente dependientes de la empresa.

5. **Determina si la siguiente oración es verdadera o falsa: "Una persona comienza a cotizar cuando deja de realizar una actividad laboral".**

   ■ Verdadero
   ■ Falso

6. **¿En qué periodo un empresario debe comunicar la finalización laboral con un trabajador?**

   a. Al día siguiente
   b. Antes de acabar el contrato laboral
   c. A los 3 días naturales
   d. Nunca

7. **¿Quién puede solicitar el número de afiliación?**

   a. Empresario
   b. Trabajador
   c. Seguridad Social
   d. SEPE

8. **¿De qué se encarga el INSS?**

   a. Prestaciones económicas de la Seguridad Social.
   b. Prestaciones del SEPE.
   c. Prestaciones del IMSERSO.
   d. Administración de la asistencia sanitaria.

9. **Determina si la siguiente oración es verdadera o falsa: "Se puede acceder al Sistema RED *online en Linux*".**

   ■ Verdadero
   ■ Falso

10. **¿Cuál es el número máximo de trabajadores que puede tener una empresa para no tener que cambiar el CCC?**

    a. 10 trabajadores
    b. 15 trabajadores

c. 25 trabajadores
d. 20 trabajadores

Comunicación de contratos

Contenido

1. Introducción
2. El Sistema de *Contrat@*
3. Resumen

Objetivos

El objetivo general de esta Unidad de Aprendizaje es:

→ Aprender cómo se comunican los contratos al Servicio Público de Empleo.

Los objetivos específicos de esta Unidad de Aprendizaje son:

→ Identificar las secciones del sistema *Contrat@*.

→ Conocer las vías por las que se puede comunicar un contrato.

1. Introducción

Todo lo relacionado con contratos, ya sea nueva alta o baja en la empresa, prórroga del contrato, horas extras, etc., deberá ser informado en el Servicio Público de Empleo.

Esto se realiza con la aplicación web *Contrat@.* Una aplicación a la que se accede mediante certificado digital y desde la cual puede una empresa establecer una comunicación con el Servicio Público de Empleo y así notificarle cualquier tipo de cambio en la empresa, ya sea aumento de la plantilla o continuidad de un trabajador en la empresa.

Este proceso tiene como ventaja que se puede realizar desde la oficina, sin tener que personarse en ninguna oficina, lo que permite al usuario poder usar la aplicación *Contrat@* para poder hacer varios trámites de manera rápida.

Para esta unidad seguiremos centrándonos en el caso de Natalia. Ahora Natalia tiene más responsabilidades en su departamento y debe dar de alta y modificar algunos contratos de su empresa.

2. El Sistema de *Contrat@*

👉 **HILO CONDUCTOR**

En la empresa de Natalia han entrado a trabajar dos personas nuevas. Natalia es la encargada de informar de estas nuevas contrataciones, pero no tiene experiencia en cómo hacerlo, por ello necesita saber más sobre el sistema *Contrat@.*

Una vez que una empresa contrata a una persona, sea el tipo de contrato que sea, debe comunicarlo al Servicio Público de Empleo para que conste en el sistema. Esto se realiza a través del sistema *Contrat@.*

DEFINICIÓN

Sistema *Contrat@*

Es una aplicación web mediante la cual se puede comunicar por vía telemática cualquier contratación al Servicio Público de Empleo.

Esta aplicación web puede ser utilizada por diferentes personas:

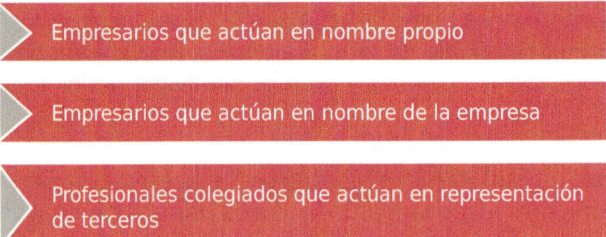

Empresarios que actúan en nombre propio

Empresarios que actúan en nombre de la empresa

Profesionales colegiados que actúan en representación de terceros

La comunicación con *Contrat@* se puede realizar de varias formas:

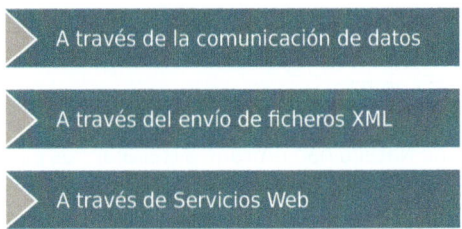

A través de la comunicación de datos

A través del envío de ficheros XML

A través de Servicios Web

Para poder utilizar el sistema *Contrat@* hace falta solicitar primero una autorización y tras su posterior aprobación puedes entrar en una serie de pestañas, las cuales verás de forma detallada más adelante.

Apartados de la aplicación web Contrat@

En unidades anteriores viste que para el Sistema RED Directo, RED Internet y Liquidación Directa hacía falta tener unos requisitos mínimos en tu ordenador para poder trabajar con ellos sin ningún tipo de problema.

Lo mismo ocurre para el sistema *Contrat@.* Para poder utilizar este sistema necesitas tener un ordenador con una impresora y unos requisitos mínimos en tu ordenador. Estos requisitos son los siguientes:

- ➲ *Acrobat Reader* 11.0 o superior
- ➲ Las opciones de tu navegador deben estar configuradas para trabajar con:

    - ◍ HTML 2.0
    - ◍ *JavaScript* 2.0
    - ◍ HTTP 1.1/HTTPS (SSL 3.0)

- ➲ Navegador configurado para aceptar *cookies* de la aplicación *Contrat@.*
- ➲ La conexión a internet debe realizarse mediante IP fija, ya que *Contrat@* no soporta IP dinámicas.
- ➲ Tener instalado *software Winrar* o *Winzip.*

2.1. Solicitud de autorización

Primordialmente se necesita tener autorización por parte del Servicio Público de Empleo para poder utilizar el sistema *Contrat@.*

La autorización puede solicitarse mediante dos formas:

Presencial	Online
- El empresario o encargado para ello deberá rellenar un formulario y presentarlo junto con la documentación requerida para este proceso.	- El empresario o encargado para ello deberá entrar en la sede electrónica del Servicio Público de Empleo y mediante Cl@ve solicitar la autorización.

La solicitación de la autorización solo podrá realizarse una vez. Una vez que se solicita se obtiene un documento que se adjunta a la solicitud y que será revisado por el Servicio Público de Empleo.

NOTA

Las empresas no podrán tener acceso al contenido de la base de datos del Servicio Público de Empleo.

2.2. Gestión de la autorización

Una vez que se obtiene la autorización por parte del Servicio Público de Empleo, se puede tener acceso al sistema *Contrat@* mediante:

Certificado digital	DNI electrónico	Identificador de la empresa + clave personal

DEFINICIÓN

Identificador de empresa (CIF, NIF, NIE)
Es la identificación tributaria utilizada en España para personas físicas y jurídicas.

En este segundo paso tienes acceso a la gestión de la autorización donde se podrán realizar las siguientes tareas:

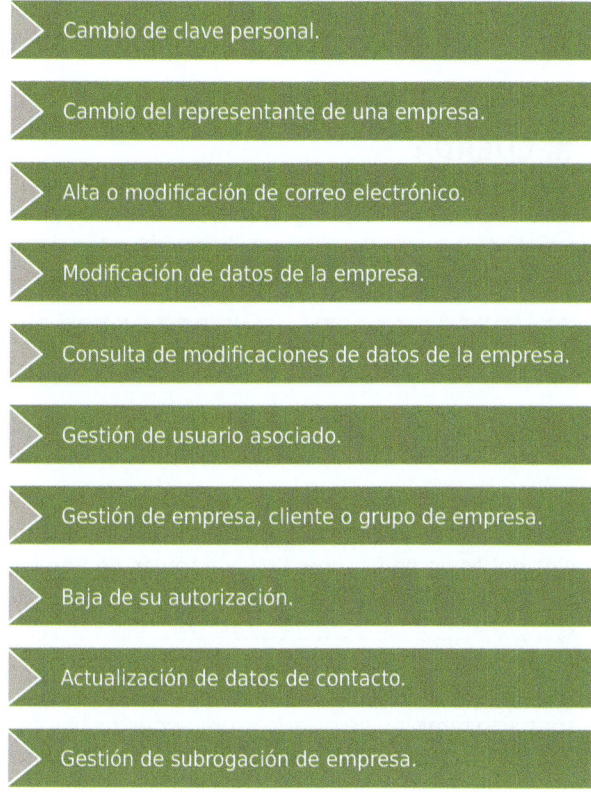

Cambio de clave personal.

Cambio del representante de una empresa.

Alta o modificación de correo electrónico.

Modificación de datos de la empresa.

Consulta de modificaciones de datos de la empresa.

Gestión de usuario asociado.

Gestión de empresa, cliente o grupo de empresa.

Baja de su autorización.

Actualización de datos de contacto.

Gestión de subrogación de empresa.

 **RECUERDA**

El certificado digital es un conjunto de datos propios, los cuales son añadidos a tu ordenador personal y así puedes identificarte en internet y realizar cualquier trámite sin necesidad de desplazarte.

2.3. Comunicación de la contratación

Aquí tienes acceso a la comunicación de la contratación. En este apartado el empresario tiene acceso a todas las opciones que necesite para comunicar una contratación o prórroga de un trabajador de la empresa.

 RECUERDA

Se puede realizar la comunicación con *Contrat@* a través de la comunicación de datos, a través del envío de ficheros XML y a través de Servicios Web.

 **NOTA**

A través de la comunicación se puede realizar una única comunicación, mientras que a través del envío de ficheros XML y a través de Servicios Web se pueden realizar múltiples comunicaciones.

En este apartado también se puede tener acceso a la información sobre los tipos de contratos que existen. En estos tipos de contratos se necesitan ingresar unos datos obligatorios:

- La identidad de las partes del contrato de trabajo.
- La fecha de comienzo de la relación laboral (si es temporal indicar la duración).
- El domicilio social de la empresa, domicilio del empresario y el centro de trabajo donde el trabajador preste sus servicios.
- La categoría o el grupo profesional del puesto de trabajo que desempeñe el trabajador.
- La cuantía del salario base inicial y de los complementos salariales, así como la periodicidad de su pago.
- La duración y la distribución de la jornada de trabajo.
- La duración de las vacaciones y, en su caso, las modalidades de atribución y de determinación de dichas vacaciones.
- Los plazos de preaviso que, en su caso, estén obligados a respetar el empresario y el trabajador en el supuesto de extinción del contrato.
- El convenio colectivo aplicable a la relación laboral.

APLICACIÓN PRÁCTICA

Francisco es el responsable del departamento de RR. HH. de su empresa. Su jefe le ha indicado la renovación de dos trabajadores. ¿A qué vía de comunicación deberá dirigirse para realizar estos trámites si quiere hacerlos uno a uno?

Solución

Si se quiere comunicar un contrato, prórroga o cualquier modificación de un trabajador se puede realizar mediante tres vías diferentes. Si hay más de una comunicación, se puede hacer a través del envío de informes XML o Servicios Web, pero también puedes realizarlo a través de la comunicación, pero tendrás que hacerlas una a una.

A través de la comunicación de datos

En esta opción el usuario principal puede comunicarse con el Servicio Público de Empleo después de que empresario y trabajador hayan firmado un documento. Este documento puede ser:

A través de este apartado el usuario podrá comunicar la contratación de un nuevo trabajador en la empresa. Aquí se indicará primero el tipo de contrato, es decir, si es indefinido a tiempo completo, indefinido a tiempo parcial, fijo discontinuo, temporal a tiempo completo, temporal a tiempo parcial, formación y aprendizaje, prácticas a tiempo completo, prácticas a tiempo parcial. Una vez seleccionado, se elegirá entre las cláusulas del mismo.

Tras seleccionar el tipo de contrato se pasará a cumplimentar los datos correspondientes al tipo de contrato seleccionado.

Los datos comunes a todas las comunicaciones de contratos que se presentan en la pantalla son:

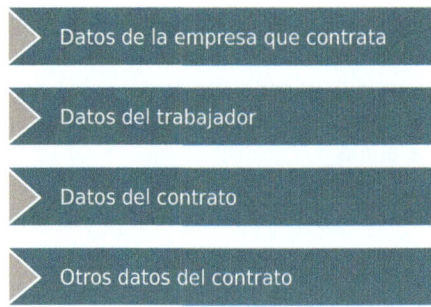

El contenido del resto de datos varía en función del tipo de contrato que se vaya a comunicar y se recogerá en los Datos específicos del contrato.

_____

Envío de ficheros

Este tipo de comunicación de la contratación se realiza en dos acciones:

1. Generar el fichero XML mediante un programa propio de la empresa. Este fichero se genera a través del modelo que se encuentra en la aplicación *Contrat@,* en el apartado **Información general.**
2. Adjuntar en el apartado **Comunicación de la contratación** el fichero XML.

Un método de comunicar una contratación es mediante el envío de ficheros XML.

NOTA

El sistema *Contrat@* responderá en un máximo de 24 horas si el archivo adjuntado es correcto o no.

Una vez que se ha adjuntado el fichero XML, este debe pasar por un proceso hasta que es recibido correctamente por el Servicio Público de Empleo:

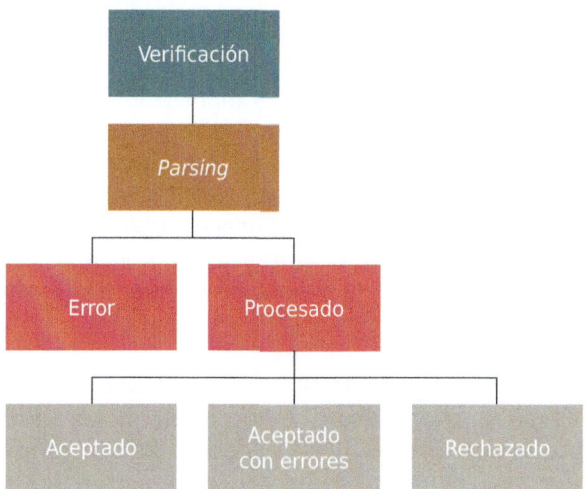

Estos se explican a continuación:

- **Verificación.** En esta parte se verifica si el archivo enviado tiene formato XML o no:

  - Si no es formato XML, aparecerá el siguiente mensaje: "El fichero recibido no es un fichero XML".
  - Si el fichero recibido no está completo, aparecerá el siguiente mensaje: "No se ha recibido el fichero completo o no pertenece al tipo de comunicación seleccionado".
  - Si todo el proceso es correcto, se cerrará la conexión y el proceso continuará.

- *Parsing.* Este paso se realiza sin conexión con la empresa. Se realiza un análisis sintáctico de los documentos adjuntados.
- **Error.** Durante el proceso de *parsing* se pueden producir una serie de errores. Se recomienda al empresario realizar un *preparsing* antes de adjuntar los archivos para evitar que salgan los errores. Los errores que pueden aparecer son los siguientes:

  - "El fichero recibido con comunicaciones, con el identificador XXXXXXXX.Faammdd, contiene errores en la estructura del esquema XML. Este envío queda anulado, por lo que deberá corregir el error y volver a realizar un nuevo envío".
  - "Se ha producido un error interno en la aplicación. Su envío no ha sido procesado. Para poder continuar con el proceso de este fichero espere a recibir un correo que indique las pautas a seguir".

- **Procesado.** Si el archivo o archivos analizados en el *parsing* están correctos y son procesados aparecerá el siguiente mensaje:

  - "El fichero recibido con comunicaciones, con el identificador XXXXXXX, ha sido procesado. Tiene que conectarse a *Contrat@* para obtener el fichero de resultados del proceso de la operación, ya que puede haber comunicaciones rechazadas que no quedan registradas en la base de datos del Servicio Público de Empleo".

    Tras pasar esta fase, el empresario o encargado para ello tiene 30 días para entrar en la aplicación *Contrat@* y descargarse el fichero de respuesta.

- **Aceptado.** Se ha dado de alta en la base de datos del Servicio Público de Empleo sin errores. Es un código, el cual indica que ha sido aceptado.
- **Aceptado con errores.** Lleva el código de aceptado y tantos códigos de error como se hayan producido. La corrección de errores se tiene que realizar a través de las oficinas de empleo o, para los campos permitidos, a través de la aplicación *Contrat@*.

➔ **Rechazado.** Lleva el código de rechazado y tantos códigos de error como se hayan detectado. No se ha dado de alta en la base de datos, tiene que ser enviado de nuevo otro fichero una vez subsanados los errores.

Servicios Web

Mediante el **Servicio Web** se pueden realizar una serie de trámites, los cuales se estructuran en dos contenidos:

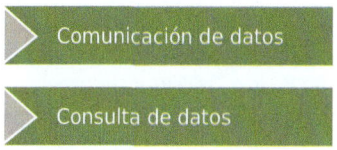

Comunicación de datos

Consulta de datos

El **Servicio Web** consiste en realizar una comunicación o consulta de datos con el Servicio Público de Empleo. La comunicación de datos consiste en enviar un fichero XML a través de la web. La consulta de datos consiste en ver cómo va el trámite de los ficheros enviados en la comunicación de datos.

Los trámites que forman la sección **Comunicación de datos** y la **Consulta de datos** son los que se ven a continuación:

Trámites comunicación de datos	Trámites consulta de datos
- Contratos	- Consulta de datos.
- Prórrogas	
- Transformaciones a indefinido.	
- Llamamiento	
- Copias básicas de contratos.	
- Contratos de trabajadores de grupo.	
- Pacto de horas complementarias.	
- Inclusión de contrato de oficina de empleo.	
- Corrección de datos comunicados.	

Tanto para la comunicación de datos como para la consulta de datos hay unos parámetros de entrada que hacen obtener unos parámetros de salida:

Entradas y salidas. Comunicación de datos
- Entradas
  - Documento: Documento XML con la información de la comunicación.
  - Usuario conectado: Usuario que realiza la comunicación mediante CIF, NIF o NIE.
  - Usuario principal: Usuario principal correspondiente al usuario conectado.
  - *Password:* Contraseña del usuario conectado.
  - Idioma: Código del idioma de conexión. Actualmente 14, castellano.
  - Comunidad: Código de la comunidad de conexión. Normalmente 99, estatal.
- Salidas
  - Documento XML con el identificador del envío si todo ha ido correctamente o con la descripción del error si se ha producido alguno.

Entradas y salidas. Consulta de datos
- Entradas
  - Documento: Documento XML con la información de la comunicación.
  - Usuario conectado: Usuario que realiza la comunicación mediante CIF, NIF o NIE.
  - Usuario principal: Usuario principal correspondiente al usuario conectado.
  - *Password:* Contraseña del usuario conectado.
  - Idioma: Código del idioma de conexión. Actualmente 14, castellano.
  - Comunidad: Código de la comunidad de conexión. Normalmente 99, estatal.
- Salidas
  - Si la consulta se realiza correctamente, se devolverá el fichero recibido en la comunicación añadiendo una etiqueta con el código del error que se ha producido, el estado de la comunicación y su identificador.
  - Si la consulta falla, se devolverá un XML con la descripción del error que se ha producido.

El proceso para la comunicación de datos lo entenderás mejor con un diagrama de flujo, en el cual se explica la actividad que se realiza desde que se inicia la actividad hasta que finaliza.

Diagrama de actividad de la comunicación de datos

Al igual que has visto la actividad de la comunicación de datos mediante un diagrama de flujo, también vas a ver ahora un diagrama de flujo con la actividad que se desarrolla en la consulta de datos:

Diagrama de actividad de la consulta de datos

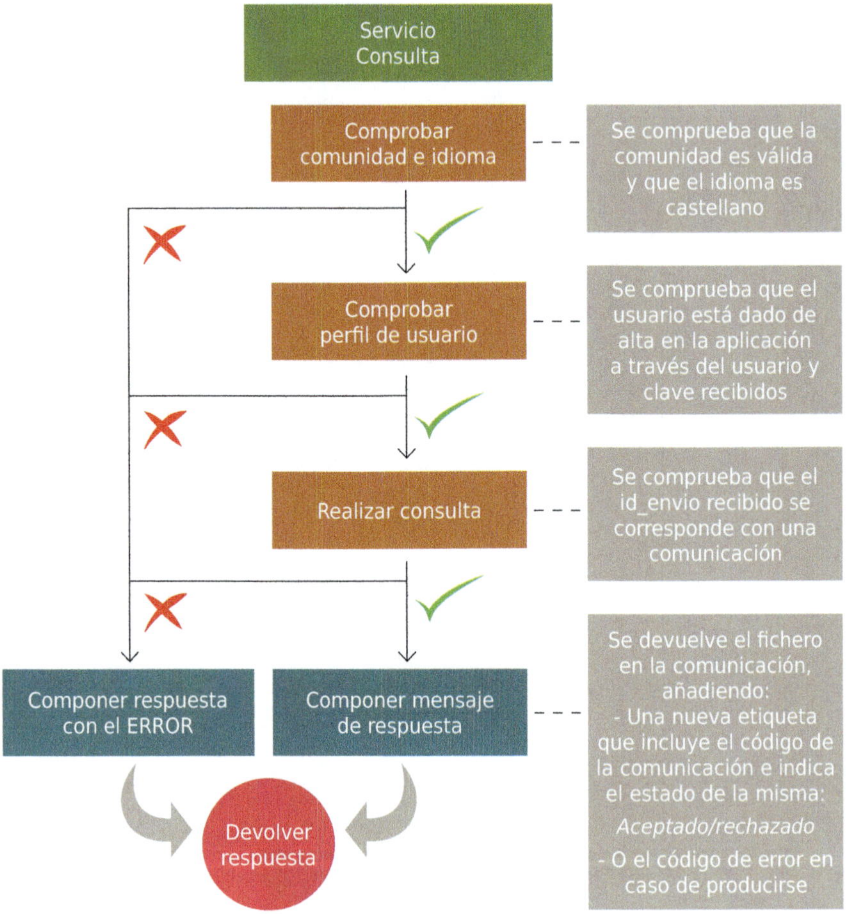

Servicio
Consulta

Comprobar
comunidad e idioma

Se comprueba que la
comunidad es válida
y que el idioma es
castellano

Comprobar
perfil de usuario

Se comprueba que el
usuario está dado de
alta en la aplicación
a través del usuario y
clave recibidos

Realizar consulta

Se comprueba que el
id_envio recibido se
corresponde con una
comunicación

Componer respuesta
con el ERROR

Componer mensaje
de respuesta

Se devuelve el fichero
en la comunicación,
añadiendo:
- Una nueva etiqueta
que incluye el código de
la comunicación e indica
el estado de la misma:
Aceptado/rechazado
- O el código de error en
caso de producirse

Devolver
respuesta

PARA SABER MÁS

Tanto para la comunicación de datos como para la consulta de datos hay que descargarse un archivo .wsdl. Debes ir al enlace:

Continúa en página siguiente >>

<< Viene de página anterior

https://redirectoronline.com/adgd266po0304

2.4. Comunicación de la copia básica

En esta sección se puede realizar la comunicación de la copia básica. Esta copia puede llevarse a cabo si esta no se hubiese realizado a la vez que la comunicación de la contratación. Los datos obligatorios a comunicar en la copia básica figuran en el Anexo I de la Orden TAS 770/2003, de 14 de marzo.

Hay dos opciones dentro de esta sección:

Copia básica de los contratos iniciales
- Se puede acceder a comunicaciones ya realizadas anteriormente de diferentes formas:
  - Identificador del trabajador
  - Identificador de la empresa
  - Identificador de la comunicación

Copia básica de las transformaciones iniciales
- En este apartado se puede comunicar una copia básica de las modificaciones que se hayan realizado en las comunicaciones de contratos. Si en esta comunicación ya se hubiese comunicado la copia básica, aparecerá cumplimentado el tipo de firma de copia básica.

2.5. Seguimiento de las comunicaciones realizadas

Esta sección es para poder ver un seguimiento de los procedimientos realizados en las secciones anteriores. Aquí se pueden realizar diferentes tareas:

- **Consultar e imprimir las comunicaciones realizadas.** En este apartado el usuario puede obtener una copia en papel sobre las comunicaciones que ha realizado. Se pueden consultar e imprimir.

  - Contratos
  - Prórrogas
  - Transformaciones
  - Llamamientos
  - Horas complementarias
  - Copias básicas
  - Comunicaciones por empresa autorizada

- **Consultar y realizar el seguimiento de los ficheros enviados.** Mediante esta tarea el usuario podrá realizar la consulta y el seguimiento de los ficheros XML que la empresa ha enviado al Servicio Público de Empleo. Se puede acceder introduciendo:

  - Fecha de envío
  - Usuario (NIF/NIE)

- **Consultar y realizar el seguimiento de los ficheros enviados.** En esta tarea el usuario podrá consultar, y en su caso imprimir, las correcciones efectuadas a las comunicaciones. Se pueden consultar las siguientes correcciones:

  - Consulta de corrección de contratos
  - Consulta de corrección de prórroga
  - Consulta de corrección de transformaciones
  - Consulta de corrección de llamamientos
  - Consulta de corrección de horas complementarias

 **PARA SABER MÁS**

El sistema *Contrat@* se rige por dos normativas vigentes, las cuales puedes consultar en los siguientes enlaces:

Continúa en página siguiente >>

<< Viene de página anterior

- Real Decreto 1424/2002, de 27 diciembre:

https://redirectoronline.com/adgd266po0401

- Orden TAS/770/2003, de 14 de marzo:

https://redirectoronline.com/adgd266po0402

 ACTIVIDAD COMPLEMENTARIA

6. Natalia ha realizado la comunicación de dos trabajadores nuevos en su empresa. Su jefe le ha pedido un justificante de que ha realizado estas comunicaciones, pero no sabe en qué sección deberá entrar. ¿Podrías ayudarla?

---

3. Resumen

Una vez que una persona es contratada para realizar una actividad laboral, se debe dar constancia de dicha contratación al Servicio Público de Empleo a través de la aplicación *Contrat@*.

El sistema *Contrat@* es una aplicación web mediante la cual se puede comunicar por vía telemática cualquier contratación al Servicio Público de Empleo.

Esta aplicación web puede ser utilizada por diferentes personas:

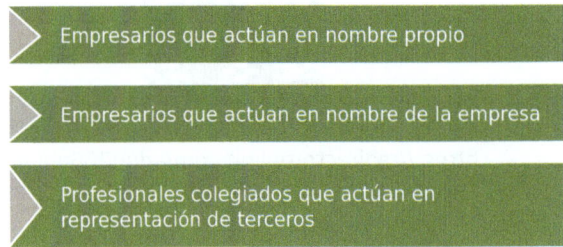

Empresarios que actúan en nombre propio

Empresarios que actúan en nombre de la empresa

Profesionales colegiados que actúan en representación de terceros

El sistema *Contrat@* está formado por diferentes pestañas, a las cuales tendrá acceso el empresario u otra persona autorizada.

Primordialmente, se necesita tener autorización por parte del Servicio Público de Empleo para poder utilizar el sistema *Contrat@*. Para ello, necesitarás entrar en la pestaña **Solicitud de la autorización** para solicitarla. La autorización puede solicitarse mediante dos formas:

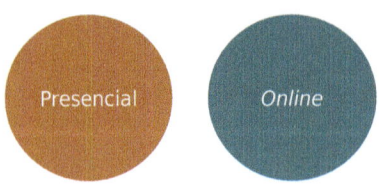

Presencial

Online

Una vez que se obtiene la autorización por parte del Servicio Público de Empleo se puede tener acceso al sistema *Contrat@* en la pestaña **Gestión de la autorización.** El acceso se puede realizar mediante:

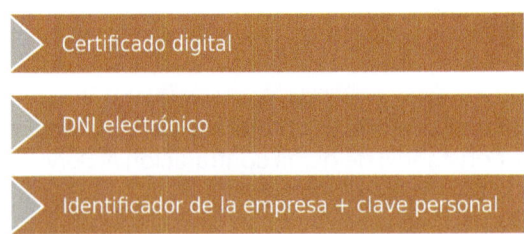

Certificado digital

DNI electrónico

Identificador de la empresa + clave personal

Tras haber gestionado la autorización, se puede tener acceso a la comunicación de la contratación. En este apartado el empresario tiene acceso a todas las opciones que necesite para comunicar una contratación o prórroga de un trabajador de la empresa.

Se puede comunicar de varias formas:

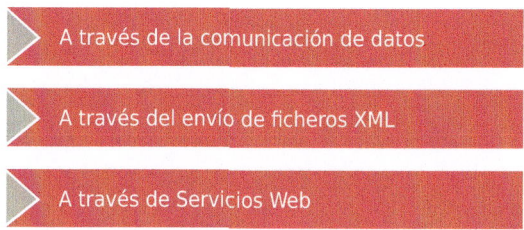

A través de la comunicación de datos

A través del envío de ficheros XML

A través de Servicios Web

Se puede obtener una copia de la comunicación realizada anteriormente. Para ello, deberás entrar en la pestaña **Comunicación de la copia básica.** Esta copia puede llevarse a cabo si esta no se hubiese realizado a la vez que la comunicación de la contratación.

Tras la realización de una o varias comunicaciones podrás ver el estado de dicha comunicación. Para ello, deberás entrar en la pestaña **Seguimiento de las comunicaciones realizadas.**

El sistema *Contrat@* se rige por dos normativas vigentes:

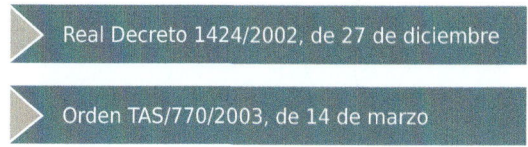

Real Decreto 1424/2002, de 27 de diciembre

Orden TAS/770/2003, de 14 de marzo

Ejercicios de autoevaluación
Unidad de Aprendizaje 4

1. **¿A quién se le comunica cualquier tipo de contratación o modificación de un empleado en una empresa?**

    a. Tesorería General de la Seguridad Social
    b. Ministerio de Fomento
    c. Sistema *Contrat@*
    d. Servicio Público de Empleo

2. **¿Quiénes pueden utilizar la aplicación web *Contrat@*?**

    a. Empresarios que actúan en nombre propio.
    b. Empresarios que actúan en nombre de la empresa.
    c. Empresarios que actúan en nombre de otros empresarios.
    d. Profesionales colegiados que actúan en representación de terceros.

3. **Enumera las secciones de la aplicación web *Contrat@*.**

    __ Comunicación de la contratación.
    __ Gestión de la autorización.
    __ Seguimiento de las comunicaciones realizadas.
    __ Comunicación de la copia básica.
    __ Solicitud de la autorización.

4. **¿Qué normativas rigen la aplicación web *Contrat@*?**

    a. Real Decreto Legislativo 2/2015, de 23 de octubre.
    b. Real Decreto 1424/2002, de 27 de diciembre.
    c. Orden TAS/770/2003, de 14 de marzo.
    d. Real Decreto 1425/2002, de 27 de diciembre.

5. **Determina si la siguiente oración es verdadera o falsa: "La aplicación web *Contrat@* soporta IP dinámicas".**

    ■ Verdadero
    ■ Falso

6. Determina si la siguiente oración es verdadera o falsa: "Un archivo de comunicación XML puede ser aceptado con errores".

- ■ Verdadero
- ■ Falso

7. ¿Cómo se estructura el Servicio Web?

- a. Comunicación de errores
- b. Consulta de datos
- c. Consulta de errores
- d. Comunicación de datos

8. Determina si la siguiente oración es verdadera o falsa: "El sistema *Contrat@* responde en un máximo de 48 horas si el archivo adjuntado es correcto o no".

- ■ Verdadero
- ■ Falso

9. ¿En qué consiste el proceso *parsing*?

- a. Es un análisis estadístico de los archivos adjuntados.
- b. Es un análisis de los archivos adjuntados.
- c. Es un archivo XML.
- d. Todas las opciones son correctas.

10. La comunicación con la aplicación *Contrat@* puede hacerse a través de...

- a. ... la comunicación de datos.
- b. ... el envío de ficheros DOC.
- c. ... el envío de ficheros XML.
- d. ... el Servicio Web.

Comunicación de accidentes

Contenido

1. Introducción
2. El *Sistema Delt@*
3. Resumen

Objetivos

El objetivo general de esta Unidad de Aprendizaje es:

→ Aprender cómo se comunican accidentes a través del *Sistema Delt@*.

Los objetivos específicos de esta Unidad de Aprendizaje son:

→ Conocer cómo se estructura un parte de accidente laboral.

→ Rellenar un parte de accidente laboral.

→ Conocer los tipos de accidentes laborales.

1. Introducción

Desgraciadamente, hay accidentes laborales o fallecimientos en el trabajo. Ante estos hechos el empresario estará obligado a notificar por escrito a la autoridad laboral los daños para la salud de los trabajadores a su servicio que se hubieran producido con motivo del desarrollo de su trabajo, conforme al procedimiento que se determine reglamentariamente.

La notificación de accidentes laborales consiste en la cumplimentación de unos factores clave de los accidentes. Esta notificación consiste en redactar lo ocurrido en el accidente, o bien literalmente, o bien mediante unos códigos reconocidos a nivel universal para tener la máxima información posible del accidente. Esto será clave para el proceso de investigación sobre lo ocurrido en el accidente laboral y así determinar los factores de riesgo en el lugar de trabajo.

Para esta unidad seguiremos centrándonos en el caso de Natalia, a la cual se le puede dar el caso de que tenga que notificar un accidente laboral en su empresa en cualquier momento.

2. El *Sistema Delt@*

☞ HILO CONDUCTOR

Natalia debe comunicar un accidente laboral ocurrido a una compañera que trabaja en su empresa. Su jefe le ha indicado que esto se realiza a través del *Sistema Delt@*, pero Natalia no tiene mucha información sobre dicho sistema.

- -

Diariamente, ocurren accidentes laborales en todas las empresas. Cuando esto pasa, se debe comunicar a la Seguridad Social este hecho, ya se produzca la baja del trabajador o no. La comunicación entre la empresa y la Seguridad Social se realiza mediante el *Sistema Delt@*.

DEFINICIÓN

Sistema Delt@

Es una aplicación informática que permite una completa tramitación de partes de accidentes de trabajo que el ministerio pone al servicio de todos los agentes implicados. Con ello se facilita la cooperación entre administraciones públicas, entidades gestoras y colaboradoras de la Seguridad Social, y empresas.

La normativa por la que se rige el *Sistema Delt@* es:

Orden Ministerial de Trabajo y Seguridad Social de 16 de diciembre de 1987
- Se dan instrucciones para la cumplimentación y tramitación de los modelos de notificación de accidentes de trabajo. En esta orden se recoge el procedimiento administrativo que regula la notificación a través del parte de accidente de trabajo.

Orden Ministerial TAS/2926/2002, de 19 de noviembre
- Se establecen nuevos modelos para la notificación de los accidentes de trabajo y se posibilita su transmisión por procedimiento electrónico.

Resolución de 26 de noviembre de 2002
- Se regula la utilización del Sistema de Declaración Electrónica de Accidentes de Trabajo *(Delt@)* que posibilita la transmisión por procedimiento electrónico de los nuevos modelos para la notificación de accidentes de trabajo aprobados por la Orden TAS/2926/2002, de 19 de noviembre.

Resolución de 30 de noviembre de 2015
- Se regula el acceso al Sistema de Declaración Electrónica de Accidentes de Trabajo *(Delt@)* para consulta de los órganos competentes en materia de promoción de la prevención de los trabajos en minas, canteras y túneles contemplados en su normativa reguladora.

2.1. Notificación de un accidente laboral

Según el artículo 23.3 de la Ley 31/1995, de 8 de noviembre, de prevención de riesgos laborales, el empresario está obligado a notificar cualquier tipo de **accidente laboral** ocurrido a sus trabajadores durante su jornada laboral.

 **DEFINICIÓN**

Accidente laboral
Son todas las lesiones corporales que puede sufrir un trabajador a consecuencia de la actividad laboral que realiza.

Antes de realizar la comunicación de un accidente laboral hay que determinar:

El modo	El origen
- Accidente de trabajo que cause baja médica. - Accidente de trabajo que no cause baja médica. - Altas o fallecimientos de accidentados. - Recaídas.	- Los acontecidos se han desarrollado dentro del centro de trabajo. - Los que tienen consideración de *in itinere*.

2.2. Acceso al *Sistema Delt@*

Para poder entrar en el *Sistema Delt@* sin ningún problema, deberás configurar tu ordenador con unos requisitos mínimos que aseguren una buena comunicación de datos. Lo esencial que necesitarás tener instalado es *Java 7u79* o superior.

Entrar en el *Sistema Delt@* es algo muy sencillo. Solo necesitarás tener un ordenador con buena conexión a internet y utilizar un navegador seguro.

Para establecer la comunicación con el *Sistema Delt@* necesitarás tener instalado cualquiera de los certificados obtenidos con alguna de las Autoridades de certificación registradas:

 **NOTA**

Para evitar errores en el *Sistema Delt@* deberás revisar si los certificados que tienes instalados en tu ordenador están caducados. Si es así, deberás eliminarlos y volver a solicitarlos.

Una vez hecho esto, puedes entrar en el *Sistema Delt@* mediante dos vías:

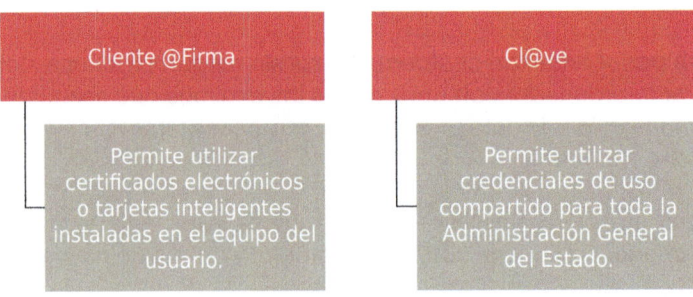

NOTA

Puedes usar otros navegadores como *Mozilla Firefox* o *Google Chrome*, pero necesitarás tener instalada en tu navegador la aplicación *Autofirma*.

Cliente @Firma

Cliente @Firma es una aplicación cliente de firma electrónica que se ejecuta en el PC del usuario. Está basada en *Applets Java,* por lo que es necesario tener instalada la máquina virtual de Java, que será el entorno donde se ejecutará dicha aplicación.

Cliente @Firma tiene dos modos de funcionamiento:

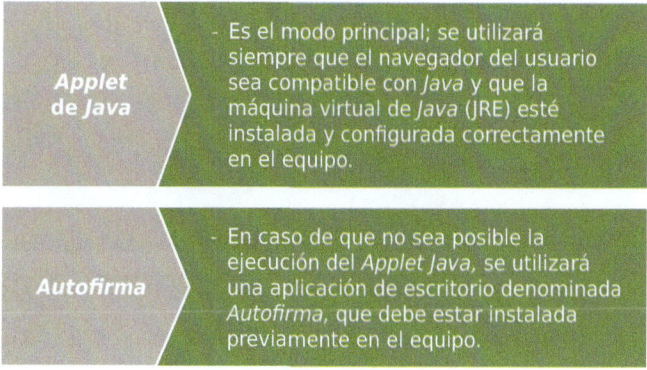

Cliente @Firma permite, dentro del *Sistema Delt@,* a un usuario identificarse y firmar electrónicamente los trámites realizados.

Hoy en día, muchas personas necesitan realizar cualquier trámite, pero no disponen en ese momento de un ordenador de sobremesa o un portátil, por lo que recurren a su teléfono móvil para realizarlo.

Debido a esto, se ha lanzado la aplicación móvil *Cliente @Firma Móvil,* cuyo objetivo es que el usuario pueda conectarse al componente *Cliente @Firma* desde su dispositivo móvil, ahorrando tiempo y recursos.

ACTIVIDAD COMPLEMENTARIA

7. Natalia está intentando acceder al *Sistema Delt@* mediante *Cliente @Firma*. Su navegador no es compatible con *Java*. ¿Entonces no puede acceder? ¿Podrías ayudarla?

Cl@ve

Con *Cl@ve* se pueden realizar trámites por vía telemática. Está basado en el uso de un código elegido por el propio usuario y un PIN comunicado mediante *app Cl@ve* o mensaje SMS. Su objetivo principal es que el ciudadano pueda identificarse ante la Administración mediante claves concertadas (usuario más contraseña), sin tener que recordar claves diferentes para acceder a los distintos servicios.

En lo que respecta a las claves concertadas, *Cl@ve* admite dos posibilidades de uso:

Cl@ve PIN	- Sistema de contraseña de validez muy limitada en el tiempo, orientado a usuarios que acceden esporádicamente a los servicios, que se corresponde con el inicial sistema PIN24H de la AEAT.
Cl@ve permanente	- Sistema de contraseña de validez duradera en el tiempo, pero no ilimitada, orientado a usuarios habituales. Se trata del sistema de acceso mediante usuario y contraseña, reforzado con claves de un solo uso por SMS, a los servicios de Tu Seguridad Social.

NOTA

Para poder acceder mediante *Cl@ve* es obligatorio haberse registrado previamente en el sistema.

Cl@ve ofrece ventajas a la hora de realizar trámites *online:*

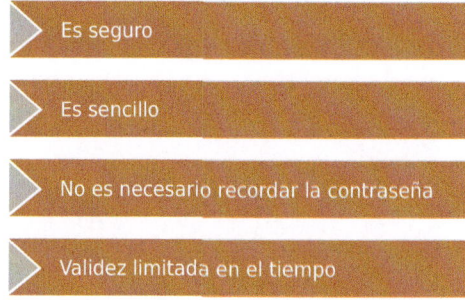

- Es seguro
- Es sencillo
- No es necesario recordar la contraseña
- Validez limitada en el tiempo

2.3. Accidente laboral

Cuando se produce un accidente de trabajo en una empresa se deberá comunicar mediante el *Sistema Delt@*. El documento a rellenar por parte del empresario se denomina como parte de accidente de trabajo.

 **DEFINICIÓN**

Accidente de trabajo por cuenta ajena
Es toda lesión corporal que el trabajador sufra con ocasión o por consecuencia del trabajo que se ejecute por cuenta ajena.

Accidente de trabajo por cuenta propia
El ocurrido como consecuencia directa e inmediata del trabajo que realiza por su propia cuenta y que determina su inclusión en el campo de aplicación de este régimen especial.

Un parte de accidente de trabajo se estructura según lo establecido en la Orden Ministerial TAS/2926/2002, de 19 de noviembre. La estructura la verás a continuación:

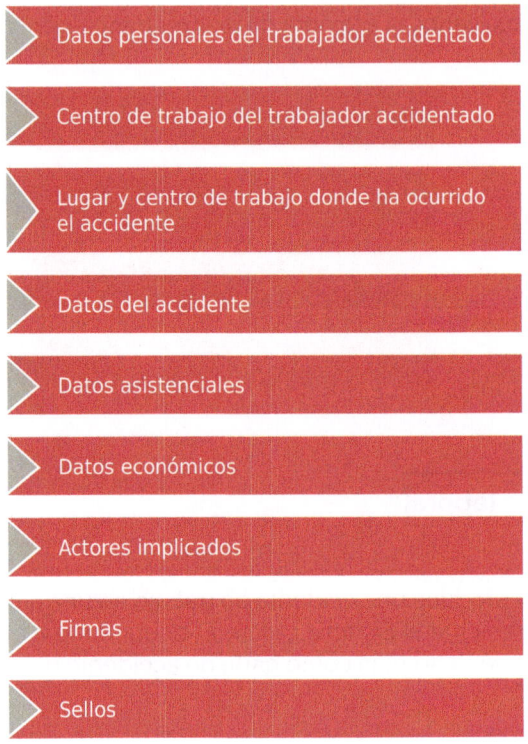

Datos personales del trabajador accidentado

Centro de trabajo del trabajador accidentado

Lugar y centro de trabajo donde ha ocurrido el accidente

Datos del accidente

Datos asistenciales

Datos económicos

Actores implicados

Firmas

Sellos

NOTA

El accidente laboral deberá comunicarse en el plazo establecido, el cual es de 5 días hábiles desde la fecha en que ocurrió el accidente o desde la fecha de baja médica.

Una vez que estás dentro del *Sistema Delt@* puedes comunicar un accidente laboral, el cual deberás cumplimentar. A continuación, irás viendo más detalladamente cómo se cumplimenta un parte de accidente de trabajo, siguiendo la estructura que has visto anteriormente:

- **Datos personales del trabajador accidentado.** En este apartado se rellenarán los datos personales del trabajador que ha sufrido el accidente laboral. Los campos a rellenar son:

  - Primer apellido
  - Segundo apellido

- Nombre
- Sexo
- Número de afiliación a la Seguridad Social
- Fecha de incorporación en la empresa
- Fecha de nacimiento
- Nacionalidad
- Identificador de persona física
- Ocupación en la empresa
- Código de ocupación
- Antigüedad en la empresa
- Tipo de contrato
- Situación profesional
- Régimen de la Seguridad Social
- Cotización AT/EP
- Domicilio del trabajador
- Teléfono
- Provincia
- Municipio
- Código postal

➲ **Centro de trabajo del trabajador accidentado.** En esta sección se aportará toda la información necesaria sobre el centro de trabajo donde el trabajador se encuentra dado de alta en la Seguridad Social. La información se aportará en:

- Código de Cuenta de Cotización a la Seguridad Social
- CIF o NIF/NIE/Pasaporte de la empresa
- Nombre o razón social de la empresa
- Actividad económica principal correspondiente a esta cuenta de cotización
- Código de la actividad económica principal
- Plantilla correspondiente a esta cuenta de cotización
- Dirección que corresponde a la cuenta de cotización
- Provincia
- Municipio
- Código postal
- Teléfono
- Contrata o subcontrata
- Empresa de trabajo temporal

➲ **Lugar y centro donde ha ocurrido el accidente.** En esta sección se rellenará la información referente al lugar en el que se ha producido el accidente, así como el centro donde el trabajador estaba trabajando en el momento en el que se produjo el accidente laboral. La información necesaria será:

- Lugar del accidente
- Accidente de tráfico
- Datos del lugar del accidente (vía pública o punto kilométrico, calle, municipio, provincia, país)
- Código de Cuenta de Cotización
- Nombre o razón social
- Domicilio
- Provincia
- Municipio
- Código postal
- Teléfono
- Actividad económica principal del centro de trabajo
- Código de la actividad económica principal del centro de trabajo

- **Datos del accidente.** En esta sección se deberá establecer lo más detalladamente posible todo lo relacionado con el accidente sufrido por el trabajador. Se deberá establecer:

  - Fecha del accidente
  - Fecha de la baja médica
  - Día de la semana del accidente
  - Hora del día del accidente
  - Hora de trabajo
  - ¿Era su trabajo habitual?
  - Descripción del accidente
  - ¿El accidente ha afectado a más de un trabajador?
  - Testigos del accidente

- **Datos asistenciales.** En esta sección se deberán indicar las lesiones sufridas por el accidentado y la atención sanitaria recibida. Estos datos son:

  - Descripción de la lesión
  - Grado de la lesión
  - Parte del cuerpo lesionada
  - Médico que efectúa la asistencia inmediata
  - Tipo de asistencia sanitaria
  - ¿Hospitalización de la víctima?

- **Datos económicos.** En esta sección se detallan los datos económicos asociados al accidente. Se deberán cumplimentar en euros con dos decimales. Estos datos son:

  - Base de cotización mensual
  - Base de cotización anual
  - Subsidio

➲ **Actores implicados, firmas y sellos.** En esta sección se incluyen los diferentes firmantes del parte de accidente de trabajo:

◑ A rellenar por la empresa o trabajador autónomo:

⇕ Nombre del firmante
⇕ Lugar de emisión del parte de accidente
⇕ Fecha de presentación del parte de accidente
⇕ Entidad gestora o colaboradora
⇕ Firma de la empresa

◑ A rellenar por la entidad gestora o colaboradora:

⇕ Número de expediente en la entidad gestora o colaboradora
⇕ Fecha de aceptación
⇕ Firma de la entidad gestora o colaboradora

◑ A rellenar por la autoridad laboral competente:

⇕ Provincia de la autoridad laboral
⇕ Número de expediente en la autoridad laboral
⇕ Fecha de recepción
⇕ Firma de la autoridad laboral

Un accidente de trabajo no tiene por qué ser solamente en el mismo centro de trabajo sino que puede ocurrir en el transcurso del domicilio al trabajo o en un viaje de negocios.

Un accidente de trabajo puede ocurrir en diferentes escenarios.

A continuación, verás los tipos de accidente de trabajo según el lugar donde estos han ocurrido:

Accidente en el centro o lugar de trabajo habitual
- Es aquel ocurrido en el lugar en el que el trabajador desempeña habitualmente las actividades de su puesto de trabajo.

Accidente en desplazamiento en su jornada laboral
- Es aquel accidente laboral ocurrido a un trabajador en un desplazamiento realizado mientras se encuentra realizando su jornada laboral.

Accidente *in itinere*
- Es aquel accidente ocurrido a un trabajador en el transcurso del domicilio al centro de trabajo habitual o viceversa.

Accidente en otro centro o lugar de trabajo
- Es aquel accidente ocurrido a un trabajador en otro centro de trabajo, el cual no es el habitual.

Para un mejor entendimiento de los lugares donde se puede producir un accidente de trabajo, verás un diagrama de flujo sobre ello.

 **TAREA 2**

Natalia trabaja a 12 km de su empresa y habitualmente coge el autobús urbano. Un día de lluvia, cuando iba al trabajo, al bajar del autobús pisó un socavón en la calzada y se dobló el tobillo. Como consecuencia del accidente le han escayolado la pierna y no puede asistir al trabajo. ¿Se considera un accidente laboral? Si la respuesta es afirmativa, ¿de qué tipo? Cumplimenta el parte de accidente de trabajo que correspondería, explicando su estructura y cómo se enviaría mediante el *Sistema Delt@*.

APLICACIÓN PRÁCTICA

El jefe de Natalia le ha entregado un preinforme sobre los últimos accidentes laborales ocurridos en la empresa para que ella los catalogue según su tipología, pero no sabe exactamente cuáles pueden ser, ¿podrías ayudarla?

a. **Un especialista sufre una caída en su bicicleta mientras volvía a su domicilio desde su centro habitual de trabajo.**

b. **Un técnico sufre un accidente durante la revisión mensual del ascensor de una comunidad de vecinos.**

c. **Un transportista sufre un accidente con la furgoneta de reparto dentro del recinto cerrado de la empresa a la que llevaba un paquete.**

d. **Un trabajador doméstico sufre un accidente mientras estaba realizando las labores de limpieza en el domicilio donde está contratado.**

Solución

a. *In itinere*
b. En desplazamiento
c. Otro centro o lugar de trabajo
d. En centro de trabajo habitual

3. Resumen

Los accidentes laborales se deben notificar a los organismos correspondientes. Para una mayor agilización del procedimiento y para notificar accidentes urgentes, se utiliza como medio de comunicación el *Sistema Delt@*.

El modo   El origen

Antes de comunicar un accidente laboral se deberá determinar:

Para establecer la comunicación con el *Sistema Delt@* necesitarás poseer alguno de los certificados digitales admitidos:

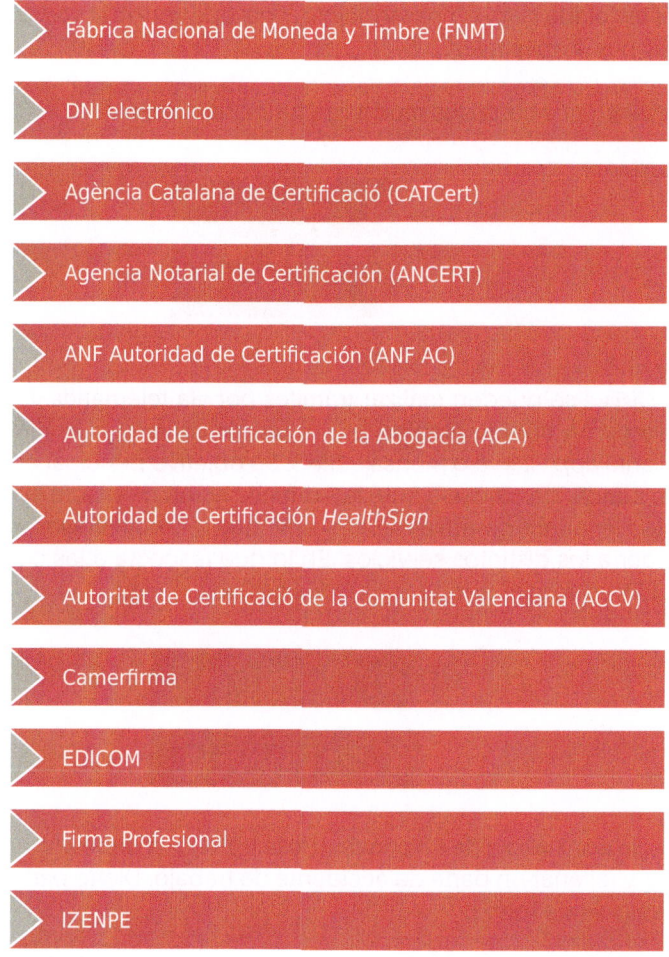

Fábrica Nacional de Moneda y Timbre (FNMT)

DNI electrónico

Agència Catalana de Certificació (CATCert)

Agencia Notarial de Certificación (ANCERT)

ANF Autoridad de Certificación (ANF AC)

Autoridad de Certificación de la Abogacía (ACA)

Autoridad de Certificación *HealthSign*

Autoritat de Certificació de la Comunitat Valenciana (ACCV)

Camerfirma

EDICOM

Firma Profesional

IZENPE

Una vez que cuentas con alguno de estos certificados digitales instalados en tu ordenador, puedes pasar a solicitar el alta en el *Sistema Delt@*. Puedes entrar en el *Sistema Delt@* mediante dos vías:

Cliente @Firma es una aplicación cliente de firma electrónica que se ejecuta en el PC del usuario. Está basada en *Applets Java,* por lo que es necesario tener instalada la máquina virtual de *Java,* que será el entorno donde se ejecutará dicha aplicación.

Cliente @Firma tiene dos modos de funcionamiento:

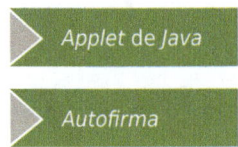

Con *Cl@ve* se pueden realizar trámites por vía telemática. Está basado en el uso de un código elegido por el propio usuario y un PIN comunicado mediante *app Cl@ve* o mensaje SMS. Su objetivo principal es que el ciudadano pueda identificarse ante la Administración mediante claves concertadas (usuario más contraseña), sin tener que recordar claves diferentes para acceder a los distintos servicios. En lo que respecta a las claves concertadas, *Cl@ve* admite dos posibilidades de uso:

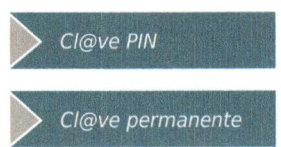

Para dar constancia de un accidente de trabajo se debe entrar en el *Sistema Delt@* y rellenar un parte de accidente de trabajo. Dicho parte se estructura de la siguiente forma:

Un accidente de trabajo no tiene por qué ser solamente en el mismo centro de trabajo sino que pueden ocurrir varios tipos:

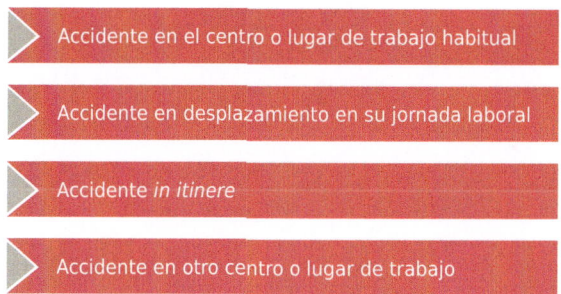

Ejercicios de autoevaluación
Unidad de Aprendizaje 5

1. Determina si la siguiente oración es verdadera o falsa: "Un empresario está obligado a notificar un accidente laboral ocurrido a uno de sus trabajadores".

   ■ Verdadero
   ■ Falso

2. El *Sistema Delt@* es...

   a. ... una aplicación informática que permite una completa tramitación de partes de accidentes de trabajo que el ministerio pone al servicio de todos los agentes implicados.
   b. ... una aplicación telemática que permite la tramitación de enfermedades y accidentes, ya sean laborales o no.
   c. ... una aplicación informática que permite la completa tramitación de partes de accidentes comunes y de trabajo de los trabajadores del Régimen General.
   d. ... una aplicación facilitada por la Seguridad Social para tramitar las altas, bajas y variación de datos de los trabajadores de la empresa.

3. ¿Qué establece la Orden Ministerial TAS/2926/2002?

   a. Se dan instrucciones para la cumplimentación y tramitación de los modelos de notificación de accidentes de trabajo. En esta orden se recoge el procedimiento administrativo que regula la notificación a través del parte de accidente de trabajo.
   b. Se establecen nuevos modelos para la notificación de los accidentes de trabajo y se posibilita su transmisión por procedimiento electrónico.
   c. Se regula la utilización del Sistema de Declaración Electrónica de Accidentes de Trabajo *(Delt@)* que posibilita la transmisión por procedimiento electrónico de los nuevos modelos para la notificación de accidentes de trabajo.
   d. Se regula el acceso al Sistema de Declaración Electrónica de Accidentes de Trabajo *(Delt@)* para consulta de los órganos competentes en materia de promoción de la prevención de los trabajos en minas, canteras y túneles contemplados en su normativa reguladora.

4. ¿Qué se entiende por accidente *in itinere*?

a. Es aquel accidente laboral ocurrido a un trabajador en su centro de trabajo habitual.
b. Es aquel accidente laboral ocurrido a un trabajador en un desplazamiento realizado mientras se encuentra realizando su jornada laboral.
c. Es aquel accidente ocurrido a un trabajador en el transcurso del domicilio al centro de trabajo habitual o viceversa.
d. Es aquel accidente ocurrido a un trabajador en otro centro de trabajo, el cual no es el habitual.

5. Determina si la siguiente afirmación es verdadera o falsa: "Para establecer la comunicación con el sistema *Delt@* no se requiere tener instalado un certificado digital".

■ Verdadero
■ Falso

6. Determina si la siguiente oración es verdadera o falsa: "Para hacer uso del *Sistema Delt@* necesitarás tener instalado *Java 7u79* o superior".

■ Verdadero
■ Falso

7. Si quieres utilizar el *Sistema Delt@* en navegadores como *Mozilla Firefox* o *Google Chrome* necesitarás tener instalada la aplicación:

a. *Cl@ve*
b. *Applet* de *Java*
c. *Autofirma*
d. *Cliente @Firma*

8. Determina si la siguiente oración es verdadera o falsa: "La aplicación *Cl@ve* no garantiza seguridad a la hora de realizar trámites *online".*

■ Verdadero
■ Falso

9. Ordena la estructura de un parte de accidente de trabajo.

___ Firmas

___ Datos asistenciales

___ Lugar y centro de trabajo donde ha ocurrido el accidente

___ Centro de trabajo del trabajador accidentado

___ Datos del accidente

___ Sellos

___ Actores implicados

___ Datos personales del trabajador accidentado

___ Datos económicos

10. ¿Cómo se define el accidente laboral de un trabajador contratado en una empresa?

a. Toda lesión corporal que el trabajador sufre con ocasión o por consecuencia del trabajo que se ejecuta por cuenta propia.

b. Aquel ocurrido como consecuencia directa e inmediata del trabajo que realiza por su propia cuenta.

c. Aquel ocurrido como consecuencia indirecta e inmediata del trabajo que realiza por su propia cuenta.

d. Toda lesión corporal que el trabajador sufre con ocasión o por consecuencia del trabajo que se ejecuta por cuenta ajena.

Glosario

AEAT

Es la Agencia Estatal de Administración Tributaria. Es un ente de derecho público de la Administración General del Estado Español encargado de la gestión del sistema tributario y aduanero estatal.

Aplicación

Es una herramienta que los usuarios pueden utilizar accediendo a un servidor web a través de internet.

Autorización

Es la acción y efecto de autorizar (reconocer la facultad o el derecho de una persona para hacer algo).

Baja

Es aquella ocurrida ante un caso de enfermedad o accidente, ya sea en el ámbito de trabajo o no.

CCC

El código de cuenta de cotización de las empresas es un código numérico que la Tesorería General de la Seguridad Social asigna a los empresarios y demás sujetos responsables del pago de cuotas al sistema de la Seguridad Social.

Certificado

Documento o escrito en el que se certifica o da por verdadera una cosa.

Correo electrónico

Es un servicio de red que permite a los usuarios enviar y recibir mensajes mediante redes de comunicación electrónica.

Documento digital

Es un documento cuyo soporte material es un dispositivo electrónico o magnético, y en el que el contenido está codificado mediante un código digital.

EEPP

Enfermedades profesionales, las cuales surgen en el ámbito laboral y que alteran la salud de los trabajadores y trabajadoras.

Fichero

Es un conjunto de bits que son almacenados en un dispositivo.

Fichero XML

Es una forma de almacenar datos para que otros programas puedan leerlos fácilmente. Muchos programas usan XML para almacenar datos. Por lo tanto, puedes abrir, editar y crear un archivo XML con cualquier editor de texto.

Fijo discontinuo

Es aquel contrato que se concierta para realizar trabajos que tengan el carácter discontinuo, cíclico, que no se repitan en fechas ciertas dentro del volumen normal de actividad de la empresa.

FNMT-RCM

Es una empresa de servicio público dedicada a la fabricación de monedas, billetes, timbres, documentos oficiales y prestador de servicios de certificación.

Horas complementarias

Son las realizadas como adición a las horas ordinarias pactadas en el contrato a tiempo parcial.

Java

Es un lenguaje de programación orientado a objetos con la intención de que los programadores escriban el código solo una vez y lo ejecuten en cualquier dispositivo.

NAF

Es una serie numérica asignada a cada asegurado por el departamento de afiliación.

Navegador

Programa que permite navegar por internet u otra red informática de comunicaciones.

NIE
Es el número de identificación del extranjero. Está compuesto por una letra, siete dígitos y un código de verificación.

Nuevas tecnologías
Son aquellas que, en los últimos años, han facilitado el flujo de información.

Online
Se utiliza en el ámbito de la informática para nombrar algo que está conectado o a alguien que está haciendo uso de una red.

Requisitos mínimos
Son una serie de componentes, o valores de estos, para los que está diseñado el *software* en cuestión y que son de los que debemos disponer en nuestro equipo para un funcionamiento adecuado.

RR. HH.
Es la abreviatura de la expresión recursos humanos. Es el grupo formado por todos los trabajadores de una empresa o al sector de la compañía que se encarga de gestionar todo lo vinculado al personal.

Seguridad Social
Es el principal sistema de protección social del Estado. Su finalidad es garantizar unas prestaciones sociales concretas e individualizadas para hacer frente a determinadas contingencias que pueden situar a la persona en situación de necesidad.

Trámite
Paso que, junto con otros, debe realizarse de forma sucesiva para solucionar un asunto que requiere un proceso.

Vida laboral
Es el tiempo acumulado por un trabajador durante la vida activa que haya trabajado en una o varias empresas u organismos oficiales.

Bibliografía

Páginas webs y artículos

→ ¿Cómo obtener un certificado electrónico de la Fábrica Nacional de Moneda y Timbre?, de: <https://sede.agenciatributaria.gob.es/Sede/videos/obtener-certificado-electronico.html>.

> Vídeo de la Agencia Tributaria donde se explica de forma detallada cómo se puede solicitar el certificado digital en la sede electrónica de la FNMT.

→ ¿Qué es el sistema Delta y cómo funciona?, de: <https://ayudatpymes.com/gestron/que-es-el-sistema-delta-y-como-funciona/>.

> Artículo que desarrolla todos los aspectos importantes sobre el Sistema Delta y los partes de accidente.

→ Contrat@. Qué es y como funciona, de: <https://www.finanzarel.com/blog/contrata-quees-y-como-funciona/>.

> Artículo donde se explica minuciosamente en qué consiste el sistema Contrat@ y cómo poder acceder a él.

→ De Winsuite a Siltra, de: <https://economia3.com/de-winsuite-siltra>.

> Noticia en la que se explica la transición de Winsuite a Siltra para trabajar en Sistema RED.

→ ¿Qué es el sistema RED? Tramites con la seguridad social, de: https://www.sdelsol.com/blog/laboral/sistema-red/

> Artículo de Software DELSOL en el que se muestra de una manera muy detallada qué es el Sistema RED, las ventajas que ofrece y cómo solicitar la autorización para incorporarse a dicho sistema.

→ Web de la Seguridad Social, de: <http://www.seg-social.es/wps/portal/wss/internet/Inicio>.

> Esta página web corresponde a la sede electrónica de la Seguridad Social, desde la cual podrás realizar cualquier tipo de trámite relacionado con ella.

→ Web de la sede electrónica de la Real Casa de la Moneda. Fábrica Nacional de Moneda y Timbre, de: <https://www.sede.fnmt.gob.es/>.

En esta página web puedes acceder a comenzar la solicitud de tu certificado digital. También se encuentran apartados que te informan de cómo realizar dicha solicitud.

→ Sede electrónica de la Seguridad Social, de: <https://sede.seg-social.gob.es/wps/portal/sede/sede/Inicio>.

Esta página web corresponde a la sede electrónica de la Seguridad Social, desde la cual podrás realizar cualquier tipo de trámite relacionado con ella.